Anne Rodenbourg

LE TOUT EN POCHE

Java 2

Apprenez à programmer avec Java

Robert Chevallier

D1728213

CAMPUSPRESS

CampusPress a apporté le plus grand soin à la réalisation de ce livre afin de vous fournir une information complète et fiable. Cependant, CampusPress n'assume de responsabilités, ni pour son utilisation, ni pour les contrefaçons de brevets ou atteintes aux droits de tierces personnes qui pourraient résulter de cette utilisation.

Les exemples ou les programmes présents dans cet ouvrage sont fournis pour illustrer les descriptions théoriques. Ils ne sont en aucun cas destinés à une utilisation commerciale ou professionnelle.

CampusPress ne pourra en aucun cas être tenu pour responsable des préjudices ou dommages de quelque nature que ce soit pouvant résulter de l'utilisation de ces exemples ou programmes.

Tous les noms de produits ou autres marques cités dans ce livre sont des marques déposées par leurs propriétaires respectifs.

Publié par CampusPress
47 bis, rue des Vinaigriers
75010 PARIS
Tél : 01 72 74 90 00

Mise en pages : Andassa

ISBN : 2-7440-1421-4

Copyright © 2003
CampusPress est une marque
de Pearson Education France

Tous droits réservés

Table des matières

Introduction 1

La programmation avec Java 1

A qui s'adresse ce livre ? 2

Le contenu de ce livre 2

L'environnement de travail 3

1. Généralités et installation de Java 5

Rappels sur les programmes et les ordinateurs 5

Réalisation et exécution des programmes 8

Installation de Java 12

2. Instruction d'affectation 19

Affectation 20

Premier programme 22

Variables et affectations 27

Réalisation d'un programme 34

3. Instructions de lecture et d'écriture 39

    Présentation 40

    Le fichier Saisie.java 45

    Deux exemples de programmes 48

    Comment concevoir un programme 52

4. Types de variables 55

    Notion de type 56

    Opérations sur les valeurs 60

    Conversions des valeurs numériques 64

    Choix du type 69

5. Instruction conditionnelle 71

    Présentation 72

    Valeurs true ou false de la condition 76

    Plusieurs instructions conditionnelles 81

    Applications 89

6. Instruction de répétition 95

    Présentation 95

    Elaboration d'une instruction de répétition 101

    Deux autres syntaxes pour l'instruction de répétition 105

    Applications 111

7. Répétitions et instructions conditionnelles 119

Répétition suivie d'une instruction conditionnelle 120

Répétition avec une instruction conditionnelle 123

Applications 128

8. Tableaux de données 135

Présentation 136

Un seul tableau de données 141

Création d'un second tableau 149

Partie utile d'un tableau 154

Conclusion 159

9. Etude des valeurs des tableaux 161

Trois versions pour un premier exemple 162

Autres exemples 173

Conclusion 183

10. Répétitions imbriquées 185

Présentation 186

Etude des nombres parfaits 191

Exemple de tri 196

Les tableaux de données à deux dimensions 201

11. Fonctions 213

Présentation 214

Calcul du nombre de combinaisons 222

Etude d'un triangle 224

Calcul de ex 228

Conclusion 231

12. Application : étude d'un tableau de nombres 233

Présentation 234

Le programme 237

13. Application : étude des nombres premiers 247

Un nombre est-il premier ? 248

Recherche des nombres premiers 253

Recherche des nombres premiers jumeaux 258

La conjecture de Goldbach 260

Conclusion 263

Annexe. Fichier Saisie.java 265

La fonction lire_String() 267

Les autres fonctions 268

Utilisation du code 269

Index 271

Introduction

La programmation avec Java

Apprendre à programmer peut sembler difficile. Mais pourquoi ne pas essayer ?

Cet ouvrage propose une initiation progressive à la programmation. Chaque notion est présentée de façon synthétique, puis illustrée par un exemple. Plusieurs programmes sont ensuite étudiés en détail. Enfin, des applications vous sont proposées. Elles prouvent que l'on parvient rapidement à écrire des programmes permettant de résoudre de vrais problèmes.

Nous présentons les notions de base de la programmation avec le langage Java. Ce dernier, de plus en plus utilisé, possède une syntaxe très proche de celle d'autres langages très employés aujourd'hui comme C, C++ et PHP.

Pour un apprentissage cohérent, nous n'évoquons pas la notion de classes proposée par le langage Java en tant que langage de programmation objet. Nous employons uniquement le langage Java pour formuler des successions d'instructions, ce qui constitue la base de la programmation.

Soixante programmes rédigés vous permettront d'étudier les instructions de base et leur utilisation. Ils ont tous été testés et sont opérationnels. Vous les trouverez sur le site de l'éditeur à l'adresse **www.pearsoneducation.fr**.

A qui s'adresse ce livre ?

Ce livre s'adresse aux débutants et à tous ceux qui souhaitent apprendre les bases de la programmation. Si vous ne savez pas ce qu'est un programme, ce livre vous donnera les moyens d'étudier les notions fondamentales, exemples et applications concrètes à l'appui. Si vous n'avez jamais étudié la programmation, vous pourrez vous familiariser avec les instructions structurant les programmes et apprendre à programmer en agençant correctement les instructions. Si vous avez déjà étudié un langage de programmation, sans y consacrer trop de temps, vous trouverez dans ce livre les bases nécessaires à l'élaboration de vos propres programmes.

Cet ouvrage est le résultat de nombreuses heures d'enseignement. C'est pourquoi il s'adresse aux personnes travaillant seules comme aux groupes qui désirent apprendre la programmation en suivant une formation.

Le contenu de ce livre

Ce livre est conçu pour vous permettre d'acquérir les bases de la programmation avec le langage Java.

Il présente d'abord les cinq instructions de base qui structurent tous les programmes :

- l'instruction d'affectation ;
- les instructions de lecture et d'écriture ;
- l'instruction conditionnelle ;
- l'instruction de répétition.

Il détaille la procédure à suivre pour concevoir un programme :

- Comment définir les variables ?
- Quels types donner aux variables ?
- Comment utiliser les instructions conditionnelles et les instructions de répétition dans un même programme ?

Il présente ensuite les notions de tableaux et de fonctions :

- la création des tableaux de données à une dimension et à deux dimensions ;
- l'étude des valeurs des tableaux ;
- les répétitions imbriquées : doubles boucles et triples boucles ;
- les fonctions au sein des programmes Java.

Enfin, après avoir donné de nombreux exemples et applications, il aborde deux problèmes :

- l'étude d'un tableau de nombres à l'aide de plusieurs fonctions ;
- l'étude des nombres premiers.

L'environnement de travail

Pour étudier les programmes de ce livre, vous devez télécharger le logiciel Java proposé par Sun Microsystems. Vous trouverez la plate-forme standard Java 2 SDK sur le site **java.sun.com**. Vous devrez y ajouter un environnement de développement, par exemple TextPad ou JCreator. Nous vous indiquons au Chapitre 1 comment mettre en place votre environnement de travail de façon à éditer, compiler puis exécuter les programmes présentés.

Vous pouvez aussi télécharger les fichiers qui correspondent aux exemples donnés dans cet ouvrage en consultant le site de l'éditeur : **www.pearsoneducation.fr**.

Chapitre 1

Généralités et installation de Java

Au sommaire de ce chapitre

- Rappels sur les programmes et les ordinateurs
- Réalisation et exécution des programmes
- Installation de Java

Les programmes présentés dans cet ouvrage sont conçus avec le langage Java. Pour qu'ils soient édités, compilés et exécutés, il faut avoir téléchargé le kit de développement Java (Java 2 SDK) et installé un environnement de développement. Nous en présentons deux, TextPad et JCreator, et vous indiquons comment les installer.

Rappels sur les programmes et les ordinateurs

Tous les traitements informatiques se déroulent selon des programmes. Que ce soit pour calculer la somme de cent nombres ou déterminer la valeur approchée du nombre π, pour gérer de nombreuses factures ou tous les abonnés à un magazine, les traitements demandés sont obtenus par l'exécution de programmes. La conception des programmes et leur exécution sont donc au cœur de l'informatique.

Tout programme est défini par un ensemble d'instructions qui donnent lieu à des actions élémentaires lors de l'exécution. Ces instructions permettent de considérer les données du problème et d'effectuer les traitements élémentaires afin d'aboutir aux résultats recherchés. L'exécution de la première instruction est suivie de l'exécution de la deuxième, elle-même suivie de l'exécution de la suivante, etc. Le déroulement se fait toujours de façon séquentielle, de la première instruction à la dernière.

Les ordinateurs ont été conçus pour exécuter chaque programme enregistré au préalable. En voici les principaux composants.

Chaque ordinateur comprend une **unité centrale**, elle-même constituée d'un processeur, d'une mémoire centrale et d'une unité de calcul (voir Figure 1.1).

- **Le processeur** structure le déroulement de l'exécution du programme. Il est doté d'une horloge extrêmement rapide qui découpe le temps en intervalles élémentaires très courts et d'un dispositif électronique lui permettant de lancer l'exécution de chaque instruction du programme ; dès que l'exécution est terminée, il autorise l'exécution de l'instruction suivante, ce qui permet de structurer le déroulement du programme, instruction par instruction. Le processeur est le "cerveau" de l'ordinateur.

- **La mémoire centrale** est constituée d'un ensemble de cases mémoire. Ces cases mémoire sont très nombreuses (16 millions pour des ordinateurs de base, plus de 500 millions pour des configurations sophistiquées). Chaque case mémoire est identifiée par une adresse et donne une information : prix d'un produit, valeur proche du nombre π, élément de facture, nom d'abonné, etc.

- **L'unité de calcul** sert à effectuer les calculs numériques classiques comme n'importe quelle calculatrice. Elle est également utilisée pour des calculs fondés sur la logique standard.

UNITE CENTRALE   **PERIPHERIQUES**

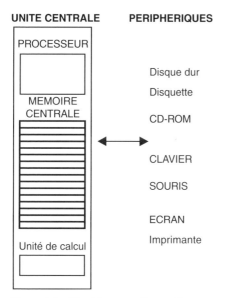

Figure 1.1 : L'architecture d'un ordinateur.

Les informations figurent en mémoire centrale au moment de l'exécution des programmes. Dès que l'exécution est terminée et que l'on éteint l'ordinateur, ces informations disparaissent. Pour conserver les informations durablement, chaque ordinateur dispose de plusieurs périphériques :

- **un disque dur**, intégré au boîtier de l'appareil, qui permet de conserver de nombreux programmes et logiciels (les logiciels sont des ensembles de programmes) ;

- **une disquette** et un **CD-ROM** utilisés également pour conserver programmes et logiciels.

Les autres périphériques, comme le **clavier** et la **souris**, donnent à l'utilisateur les moyens de transmettre l'information à l'unité centrale. Quant à l'**écran**, il affiche les informations transmises par le programme lors de son exécution.

Tous les programmes sont donc conservés sur les disques durs, disquettes et CD-ROM. Cette sauvegarde est obtenue par la création de fichiers. Chaque fichier contient le programme recopié selon des procédés standard, il est désigné par un nom le différenciant de tous les autres. Si l'on désire exécuter un programme sauvegardé au sein d'un fichier, il doit être recopié en mémoire centrale. Après son exécution, si l'utilisateur n'en a plus l'usage, le programme exécuté peut être remplacé par un autre. Cela permet à tout ordinateur de traiter autant de programmes que l'utilisateur le souhaite.

Réalisation et exécution des programmes

Les programmes structurés par des instructions sont définis dans un langage de programmation mais, quel que soit le langage, tous ces programmes utilisent le même ensemble d'instructions fondamentales.

Les instructions

Cinq instructions constituent la base de la programmation :

- **L'instruction de lecture** permet à l'unité centrale de réceptionner en mémoire centrale une valeur provenant d'un périphérique, du clavier par exemple.

- **L'instruction d'écriture** permet à l'unité centrale de transmettre l'information en direction d'un périphérique, l'écran par exemple.

- **L'affectation** permet de modifier la valeur figurant dans une case mémoire, en y plaçant par exemple le résultat d'un calcul effectué dans l'unité de calcul.

- **L'instruction conditionnelle** examine si une condition est remplie ; si c'est le cas, elle exécute une instruction. Dans le cas contraire, elle exécute une autre instruction.

- **L'instruction de répétition** assure la répétition d'une instruction ou d'une suite d'instructions autant de fois que nécessaire.

Ces cinq instructions, à la base de la programmation dite "impérative", constituent les briques que l'on trouve dans tous les programmes. Programmer, c'est donc savoir les utiliser pour que leur exécution séquentielle conduise à la solution recherchée. Les éléments constitutifs d'un programme étant en nombre limité (cinq), on pourrait penser que la rédaction de programmes est une tâche facile. Mais la difficulté existe car il s'agit de mettre en forme un processus séquentiel alors que nos habitudes de pensée ne procèdent pas ainsi. Nous étudierons donc la programmation de façon progressive. Nous commencerons par examiner des problèmes simples avant de traiter des problèmes plus complexes.

Les différentes étapes

Quel que soit le problème, débutez toujours votre travail par une analyse. La rédaction des programmes se fera sur cette base, dans un langage donné, selon une syntaxe et des conventions précises. Tous les programmes que nous étudierons seront formulés avec le langage Java.

La mise en forme des programmes et leur exécution nécessitent ensuite trois étapes :

1. Le texte du programme, qui peut être rédigé dans un premier temps sur papier, est saisi au clavier pour être mis en mémoire centrale. Il est alors édité et prend place dans une zone réservée à cet usage, chaque caractère étant enregistré selon un code (le code ASCII).

2. Ce texte codifié constitue le programme source. Mais pour que les instructions de ce texte soient traitées par le processeur de l'ordinateur, elles doivent être mises en forme selon un langage particulier, le langage machine. Cette deuxième étape est la compilation. Le résultat obtenu est un programme compilé qui prend place en mémoire centrale à côté du programme source. Pour les programmes rédigés en Java, la compilation s'effectue à l'aide d'un code particulier appelé P-code.

3. Le programme compilé peut être exécuté. Les différentes varia-
    bles et valeurs du programme compilé sont mises en place dans
    une zone spécifique de la mémoire centrale. L'exécution des
    instructions du programme modifie alors de façon séquentielle
    les valeurs qui figurent dans cette zone, afin d'obtenir les résul-
    tats attendus. En Java, l'exécution se fait par interprétation des
    instructions compilées, chaque instruction formulée en P-code
    étant traduite au fur et à mesure dans un langage propre au
    système d'exploitation de l'ordinateur. L'exécution est alors
    assurée par l'interpréteur Java.

Un premier exemple

Prenons un exemple simple. Examinons la marche à suivre pour
réaliser un programme qui détermine si un étudiant ou un élève est
admis à un examen, en fonction de la moyenne de ses notes.

Le programme correspondant est structuré par les trois instructions
suivantes :

*   La première est une instruction de lecture qui permet de récep-
    tionner, dans une première case mémoire, la moyenne donnée
    par l'utilisateur à partir du clavier.

*   La deuxième est une instruction conditionnelle dont le contenu est
    le suivant : si la moyenne est supérieure ou égale à 10, mettre par
    affectation dans une seconde case mémoire la valeur "admis" ;
    dans le cas contraire, mettre la valeur "échec".

*   La troisième est une instruction d'écriture qui permet de mettre à
    l'écran la valeur "admis" ou "échec" qui figure dans la seconde
    case mémoire, afin que l'utilisateur puisse lire le résultat.

Pour éditer le texte du programme puis le compiler et l'exécuter, le
système d'exploitation doit être actif. C'est lui qui assure la gestion
de la mémoire centrale et tous les accès aux périphériques. Mais il
faut aussi mettre en mémoire centrale le logiciel Java pour réaliser
un programme rédigé en langage Java. Lorsque ce logiciel est
activé, il devient possible d'éditer, puis de compiler et d'exécuter le
programme Java (voir Figure 1.2).

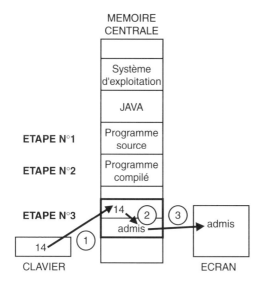

Figure 1.2 : La mémoire centrale lors de l'exécution du programme.

Le processus de réalisation du programme étudié peut maintenant se dérouler selon les trois étapes décrites précédemment :

1. **L'édition**. L'utilisateur saisit le texte au clavier. Le texte prend place en mémoire centrale dans la zone d'édition.

2. **La compilation**. Une nouvelle version du programme s'installe en mémoire centrale.

3. **L'exécution**. Elle se déroule en deux temps : les deux cases mémoire dont le programme a besoin pour son exécution sont mises en place au sein d'une zone propre à l'exécution du programme compilé. Puis le programme y est exécuté de manière séquentielle (voir Figure 1.2) :

   – Exécution de l'instruction n°1 : l'utilisateur donne la valeur de la moyenne, par exemple 14.

- Exécution de l'instruction n°2 : comme la moyenne vaut 14, la valeur "admis" est notée dans la seconde case mémoire.
- Exécution de l'instruction n°3 qui recopie sur l'écran la valeur "admis" figurant dans la seconde case de la zone d'exécution du programme.

Lorsque l'exécution est terminée, la zone d'exécution du programme est effacée et les informations qui y figuraient sont perdues. Lors d'une nouvelle exécution, la zone d'exécution du programme est remise en place, avec les deux cases mémoire nécessaires à son exécution. L'utilisateur peut alors donner une autre valeur de la moyenne : si la moyenne de l'étudiant vaut 9.3, la valeur "échec" est mise dans la seconde case mémoire, et ce résultat est affiché à l'écran.

Le logiciel Java organise l'édition et permet la compilation, puis l'exécution du programme. Notez toutefois qu'à la fin de l'édition, il assure aussi la sauvegarde du texte du programme dans un fichier créé sur le disque dur. De plus, à la fin de la compilation, il crée un second fichier qui permet de conserver la version compilée du programme sur le disque dur. Le logiciel Java offre donc la possibilité de conserver durablement les deux versions des programmes.

Installation de Java

Pour mettre au point les programmes en Java, installez le logiciel Java. Il comprend un kit de développement et un environnement de travail adéquat.

Les différentes solutions

Sun Microsystems propose un kit de développement Java 2 SDK (Software Development Kit) appelé aussi plate-forme standard. Les programmes de ce kit gratuit assurent la compilation des programmes sources et leur exécution. Vous trouverez les dernières versions sur le site **java.sun.com**. Téléchargez l'une de ces versions et installez-la sur le disque dur de votre ordinateur en créant un répertoire adéquat (en le désignant par c:\sdk2 par exemple).

Mais ce kit de développement ne propose par d'éditeur intégré, capable de mettre en forme les textes de programmes et de vous aider à corriger les erreurs de syntaxe au moment de la compilation. Il est donc préférable de travailler dans le cadre d'un logiciel qui vous offre ces services. Plusieurs solutions s'offrent à vous :

- **Des environnements simples et efficaces**. C'est le cas de Text-Pad et de JCreator pour lesquels existent des versions gratuites ou à des prix très abordables. Après avoir chargé une version du kit de développement, téléchargez une version de l'environnement choisi en précisant le nom du répertoire où vous avez recopié le kit (par exemple c:\sdk2).

- **Des environnements plus sophistiqués comme Sun ONE Studio et JBuilder**. En version gratuite ou professionnelle, ils sont conçus pour exploiter toutes les possibilités de Java. Ce sont donc des environnements beaucoup plus sophistiqués, exigeant au moins 256 Mo de mémoire centrale. Ils demandent que le kit de développement soit installé sur le disque dur.

- **Des ateliers logiciels comme Visual Studio de Microsoft**. Ils intègrent les outils de développement Java. La version de Java donnée par Microsoft (J++) est adaptée à l'apprentissage de la programmation.

Nous vous recommandons de choisir un environnement simple comme TextPad ou JCreator, utilisant le kit de développement Java 2 SDK.

Le programme *hello*

Lorsque vous avez chargé le kit de développement et l'environnement de travail sur le disque dur, vérifiez que votre installation est opérationnelle. Le Listing 1.1 vous permettra d'effectuer cette vérification.

Listing 1.1 : `hello.java` — Le programme d'installation et de bienvenue

```
public class hello
  {public static void main(String args[])
    {System.out.println("HELLO ! Bonne chance !");
    }
  }
```

Ce programme est structuré comme tous les programmes que nous étudierons. La syntaxe sera présentée en détail au Chapitre 2. Pour l'instant, nous attirons simplement votre attention sur quelques éléments :

- Le langage Java différencie les lettres majuscules des lettres minuscules. Vous devez donc saisir le texte en minuscules, excepté pour les termes du langage Java comme `String` et `System` qui commencent par une majuscule.

- `args` est suivi des crochets `[]`. Ces crochets peuvent être mis avant `args`, comme certains environnements l'exigent.

- Le texte est structuré par des accolades ouvrantes { et des accolades fermantes }. Il y a deux accolades ouvrantes et deux accolades fermantes dans le programme.

- L'instruction `System.out.println("HELLO ! Bonne chance !");` utilise une parenthèse ouvrante (et une parenthèse fermante) ; le texte qui figure à l'intérieur des parenthèses commence par un guillemet et se termine par un guillemet. Enfin, cette instruction est suivie d'un point-virgule.

Les trois étapes selon l'environnement

Pour tester votre installation, lancez d'abord l'exécution de l'environnement de développement que vous avez choisi, puis suivez les trois étapes : édition, compilation et exécution. Les modalités peuvent être différentes selon l'environnement retenu. Nous en présentons deux : le logiciel TextPad et le logiciel JCreator.

Le logiciel TextPad

Ce logiciel prend en compte directement le texte édité ; il n'impose pas de travailler dans le cadre d'un projet. Pour éditer le texte, allez dans Files > New et saisissez le texte du programme dans la fenêtre d'édition.

Lancez la compilation en utilisant la commande Tools > Compile Java. Le logiciel vous demande le nom du fichier dans lequel vous voulez conserver le texte du programme. Vous devez créer un répertoire pour recueillir tous vos programmes et donner comme nom de fichier le nom qui figure après `public class` dans le texte du programme. Nous avons choisi le nom `hello` ; c'est le terme à retenir pour désigner le nom du fichier, en lui ajoutant le suffixe `java`. Vous devez donc donner comme nom `hello.java`. La compilation a lieu et se conclut positivement si aucune erreur n'est détectée.

Pour exécuter le programme, lancez la commande Tools > Run Java. Vous devez voir apparaître, dans la fenêtre d'affichage, le message `HELLO ! Bonne chance !`

Le logiciel JCreator

Le logiciel vous propose de créer un projet en lui donnant un nom. Ce dernier désigne en fait un nouveau répertoire automatiquement mis en place. C'est dans ce dernier que les fichiers contenant les programmes texte seront automatiquement sauvegardés. Sélectionnez Files > New > Projects > Empty Projects, puis indiquez le nom de votre projet (par exemple "exos") ainsi que l'endroit où le répertoire sera créé (en sélectionnant "…JCreator LE > MyProjects"). Le répertoire est automatiquement pris en compte (vous obtenez par exemple "…JCreator LE > MyProjects > exos").

Pour réaliser l'édition du texte, sélectionnez Files > New > Files > Java File et créez un fichier qui contiendra le texte du programme. Donnez-lui le nom qui figure après `public class`, c'est-à-dire `hello`. Le logiciel ajoute automatiquement le suffixe `java` pour créer le fichier `hello.java`. La fenêtre d'édition se met en place et vous pouvez y saisir votre texte.

La compilation constitue la deuxième étape. Lancez la commande Build > Compile File. Elle provoque d'abord la sauvegarde du programme texte sous forme d'un fichier dans le répertoire que vous avez créé. Puis elle déclenche la compilation. Si aucune erreur n'est détectée, cette étape se conclut positivement.

La dernière étape est celle de l'exécution. Allez dans Build > Execute File ; vous obtenez dans la fenêtre d'affichage le message donné par la troisième instruction du programme HELLO!Bonne chance!

Des erreurs ?

Les problèmes suivants peuvent survenir :

- Vous devez suivre les procédures conseillées par l'environnement que vous avez installé. Si ce dernier vous impose de travailler dans le cadre d'un projet, suivez ses instructions. La première fois, cela paraît complexe, mais vous pourrez ensuite mettre tous vos exercices dans le même projet.

- Si la compilation n'aboutit pas, c'est peut-être que le programme de compilation du kit Java ne trouve pas le fichier à compiler. Dans ce cas, indiquez le bon chemin au compilateur.

- Si le résultat de la compilation indique une "invalid option or argument", c'est en général que le fichier à compiler n'est pas suffixé par "java" comme il devrait l'être, mais par "jav" ou un autre suffixe.

- Si le message d'erreur vous indique "public class hello must be defined in a file called "hello.java"", c'est pour vous rappeler que le nom du fichier doit coïncider avec le terme qui suit public class dans le texte du programme.

- Enfin, si le résultat de la compilation précise une erreur ou une liste d'erreurs, il s'agit d'erreurs de syntaxe : vous devez corriger le texte du programme et le recompiler.

- Lors de l'exécution, si la fenêtre où les résultats sont affichés disparaît, faites-la réapparaître en la réactivant à partir de la barre des tâches.

Les fichiers *hello.java* et *hello.class*

Le programme `hello` commence par les mots `public class hello`. En fait, cette terminologie permet de définir une classe qui porte le nom `hello`. Mais comme la notion de classe n'est pas traitée dans cet ouvrage, ce qui importe ici est l'usage que nous faisons du mot `hello`.

Comme nous l'avons souligné, le terme `hello` qui suit `public class` est employé pour désigner le nom du fichier qui sauvegarde le texte du programme. Lorsque l'édition est terminée, le texte est donc sauvegardé au sein d'un fichier qui porte le nom indiqué au début du programme et qui est suffixé par `java`. Pour notre exemple, on obtient ainsi le fichier `hello.java`.

Après la création de ce fichier, la compilation se termine par la création d'un second fichier désigné par le nom que nous avons choisi et qui est suffixé par `class`. Nous avons ainsi obtenu le fichier `hello.class`.

Tous les exemples que nous étudierons donneront lieu à la création de deux fichiers : le premier, suffixé par `java`, sera le fichier sauvegardant le texte du programme ; le second, suffixé par `class`, le fichier sauvegardant toutes les instructions compilées.

Chapitre 2

Instruction d'affectation

Au sommaire de ce chapitre

- L'affectation
- Notre premier programme
- Variables et affectations
- Réalisation d'un programme

La programmation repose sur l'utilisation de cinq instructions : l'affectation, les instructions de lecture et d'écriture, l'instruction conditionnelle et l'instruction de répétition. Nous présenterons l'affectation à l'aide de plusieurs programmes et étudierons en détail leurs exécutions dans l'espace des variables. Grâce à ces exemples, nous présenterons la syntaxe du langage Java qui s'applique à tous les programmes de cet ouvrage.

Affectation

L'instruction d'affectation permet de placer une valeur dans la case mémoire concernée, sans apport d'information venant d'un périphérique.

Donnons un exemple type. Ecrire `x=2+(5*7)`, c'est définir une affectation. Son exécution se déroule en deux temps : tout d'abord, calcul du terme qui figure à droite du signe égal, puis rangement de la valeur calculée dans la case mémoire dont le nom figure à gauche du signe égal. Ainsi, dans cet exemple, la valeur calculée, qui est 37, est mise dans l'emplacement mémoire appelé x. A la fin de l'affectation, la valeur de x est 37.

Prenons un autre exemple. Considérons la succession d'affectations suivante :

- Instruction n°1 : `x=150` ;
- Instruction n°2 : `y=200` ;
- Instruction n°3 : `z=30` ;
- Instruction n°4 : `total=x+y+z`.

La première instruction d'affectation se déroule en deux temps, comme précédemment. Mais comme le terme figurant à droite est un nombre, le calcul concernant cet élément revient à redonner ce nombre, et cette valeur est placée dans la case mémoire désignée par x. La valeur de x est donc 150. Le processus est le même pour les deux instructions suivantes : la valeur numérique 200 est placée dans la case désignée par y et 30 est la valeur placée dans la case mémoire nommée z. L'état de la mémoire centrale à la fin de l'exécution de l'instruction n°3 est schématisé par la Figure 2.1.

L'exécution de l'instruction n°4 se déroule elle aussi en deux temps. D'abord, l'unité de calcul prend en compte l'expression qui figure à droite du signe égal, donnée par x+y+z. Elle effectue le calcul en mettant en jeu les valeurs apparaissant dans chacune des cases désignées par x, y et z. La somme calculée est 380.

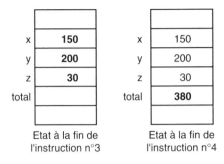

	x
x	**150**
y	**200**
z	**30**
total	

x	150
y	200
z	30
total	**380**

Etat à la fin de l'instruction n°3 · Etat à la fin de l'instruction n°4

Figure 2.1 : Etat de la mémoire centrale.

Puis cette somme est placée dans la case mémoire désignée par `total`. La valeur de la case `total` est de 380 et l'état de la mémoire centrale est donné par la Figure 2.1.

Une affectation est une instruction dont l'écriture est structurée par trois termes : à gauche le nom de la case mémoire concernée, au milieu le signe égal, et à droite une expression qui peut être numérique mais peut aussi comprendre des termes désignant des cases mémoires. Son exécution se déroule toujours en deux temps : calcul de l'expression figurant à droite du signe égal, puis rangement du résultat calculé dans la case mémoire figurant à gauche du signe égal. Chaque fois qu'une affectation est conçue, il faut l'écrire en considérant son exécution en deux temps.

Une affectation se conçoit et s'exécute de droite à gauche, non de gauche à droite.

Premier programme

L'exemple précédent met en jeu quatre affectations successives et détermine ainsi le total d'une somme de trois nombres. Voici le programme correspondant rédigé avec le langage Java :

Listing 2.1 : `affect4.java` — Quatre affectations successives

```
 1: public class affect4
 2: {public static void main(String args[])
 3:    {int x,y,z,total;
 4:     x=150;
 5:     y=200;
 6:     z=30;
 7:     total=x+y+z;
 8:     System.out.println(total);
 9:    }
10: }
```

Vous reconnaissez les quatre affectations qui structurent le programme (lignes 4, 5, 6 et 7). Elles sont données dans un texte rédigé en Java dont nous devons préciser la syntaxe.

Chaque ligne commence par un numéro suivi de deux points mais cette notation n'appartient pas au texte du programme. Nous l'avons ajoutée uniquement pour faciliter les commentaires et les explications que nous allons donner.

La syntaxe du programme

Le texte du programme est structuré par les termes et éléments suivants :

```
public class affect4
  {public static void main(String args[])
     {

     }
  }
```

Le programme commence par les mots `public class`, deux termes imposés par la syntaxe du langage Java. Ces deux termes sont suivis du mot `affect4`, nom que nous avons choisi. En réalité, comme Java est un langage de programmation objet, nous déclarons une classe ayant pour nom `affect4`. Faisons-nous pour autant de la programmation objet ? En un sens, oui. Mais en fait, la classe que nous définissons n'intervient pas directement dans les programmes étudiés dans cet ouvrage. Seul compte le contenu de ce qui est déclaré juste après. En effet, c'est là que figurent toutes les instructions du programme.

Il faudra donc faire débuter tous nos programmes par les termes `public class` et y ajouter un nom. Le langage Java exige que ce nom soit aussi le nom donné au fichier qui sauvegardera le texte lorsque celui-ci sera édité. Ainsi, en mettant `affect4`, nous désignons le nom de la classe mais également le nom du fichier de sauvegarde du texte. Par simplification, nous dirons que le nom donné au début du texte est le nom du programme.

Après la déclaration `public class affect4` commence la définition du programme. Elle débute par une accolade ouvrante (au début de la ligne 2) et se termine à la dernière ligne (ligne 10) par l'accolade fermante correspondante. Entre ces deux accolades, il faut déclarer une fonction appelée `main(...)` dont l'intitulé exact est donné par `public static void main(String args[])`. Cette formulation complexe est peu explicite. Mais il suffit de l'attribuer sans se poser de questions. Lorsque l'intitulé complet est écrit, il convient de formuler les instructions du programme dans un jeu d'accolades propre à la fonction `main(...)`. Son accolade ouvrante est située au début de la ligne 3, son accolade fermante à la ligne 9.

Les instructions qui figurent entre les accolades de la fonction `main(...)` sont celles du programme. Elles sont écrites les unes après les autres, selon l'ordre dans lequel nous voulons qu'elles soient exécutées. Nous avons écrit une instruction par ligne mais aurions pu en mettre plusieurs par ligne car l'unité de définition d'un programme rédigé en Java est l'instruction, non la ligne. Ce qui compte, c'est le point-virgule indiquant la fin de chaque instruction.

Cette ponctuation est indispensable. Vous risquez autrement de provoquer une erreur lors de la compilation. Nous obtenons cette suite d'instructions :

```
4:    x=150;
5:    y=200;
6:    z=30;
7:    total=x+y+z;
8:    System.out.println(total);
```

Les instructions données lignes 4, 5, 6 et 7 sont les quatre instructions d'affectation qui structurent le programme. Nous avons ajouté une cinquième instruction `System.out.println(total);` qui a pour rôle de transmettre sur l'écran le contenu de la case mémoire désignée par `total`. Nous détaillerons cette instruction au Chapitre 3. Comme nous l'avons indiqué, toutes les instructions se terminent par un point-virgule.

Dans un texte de programme, il est possible d'introduire des commentaires utiles pour le lecteur qui n'interviennent pas lors de l'exécution du programme. C'est le cas ici : la première ligne du programme `//---affect4.java` est une ligne de commentaires. En Java, toute ligne de commentaires débute par `//`.

Le texte du programme est écrit en minuscules. En effet, Java fait une différence entre les majuscules et les minuscules et vous devez respecter le mode d'écriture proposé. Deux termes du programme débutent par une majuscule : `String` à la ligne 2 et `System` à la ligne 8. Ce sont des termes particuliers du langage Java.

Le programme commence par l'écriture de `int x,y,z,total;` à la ligne 3. Il s'agit de la déclaration des variables nécessaires au programme.

Les variables du programme

En écrivant `int x,y,z,total;`, nous signifions que quatre emplacements mémoire devront être réservés pour l'exécution du programme : le premier est désigné par x, le deuxième par y, le troisième par z, et le quatrième par `total`. De plus, en écrivant `int...`, nous indiquons que la valeur à mettre dans chaque emplacement concerné ne peut être qu'un nombre entier. En effet, int fait référence à un type particulier, qui impose cette contrainte sur les valeurs. Nous n'en dirons pas davantage pour l'instant car la notion de type sera présentée au Chapitre 4.

Cette écriture int x,y,z,total; est une déclaration initiale qui sert à désigner les emplacements mémoire nécessaires à l'exécution du programme. Au cours de l'exécution, différentes valeurs seront mises dans ces emplacements. C'est pourquoi ils peuvent être vus dans le programme comme des variables. Ainsi, déclarer int x,y,z,total; revient à dire que, pour résoudre le problème, il faut quatre variables : x, y, z et total. int précise que les valeurs de ces quatre variables ne pourront être que des valeurs numériques entières.

Cette déclaration utilise des virgules, chaque virgule permettant de séparer deux variables de même type. Elle est équivalente aux quatre déclarations suivantes : int x; int y; int z; int total;.

Lors de la compilation et de l'exécution, l'environnement Java associe à chaque nom de variable une adresse qui désigne un endroit précis de la mémoire. La Figure 2.2 donne un exemple de ce que peut être l'état de la mémoire centrale, juste après l'exécution de la déclaration des quatre variables : à la variable x est associée la valeur 128 qui est l'adresse d'une case mémoire ; aux autres variables sont associées les adresses 129, 130 et 131 (voir l'état n°1 de la Figure 2.2). C'est dans ces quatre cases numérotées 128, 129, 130 et 131 que l'exécution du programme aura lieu.

Lors de chaque affectation, une valeur est placée dans la case correspondante. Ainsi, exécuter x=150; revient à placer la valeur 150 dans la case numérotée 128. Au terme de l'exécution du programme, nous obtenons les quatre valeurs (voir l'état n°2 de la Figure 2.2).

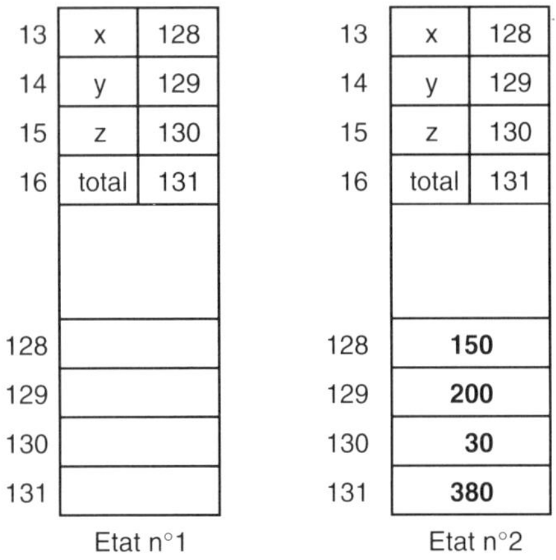

13	x	128
14	y	129
15	z	130
16	total	131
128		
129		
130		
131		

Etat n°1

13	x	128
14	y	129
15	z	130
16	total	131
128	**150**	
129	**200**	
130	**30**	
131	**380**	

Etat n°2

Figure 2.2 : Les variables x, y, z et total.

Le processus qui associe une adresse donnée de case mémoire à chaque nom de variable est géré par l'environnement Java. Par contre, le programmeur a le choix des termes pour désigner les variables du programme. Des conventions sont à respecter pour les désigner : leur nom doit commencer par une lettre et être formé d'un seul mot, sans espace. Nous vous conseillons de ne mettre ni majuscule, ni accent, ni signe algébrique dans les mots. Ainsi x, y, x1, x2, premiere_valeur, valeur2 sont des termes acceptables. Par contre, x 1 (avec un blanc) et premiere-valeur (avec un tiret) ne sont pas corrects.

Lors de l'écriture d'un programme, vous avez le choix des termes pour désigner les variables nécessaires. Ainsi, nous pouvons donner une autre version en choisissant x1, x2, x3 et resultat comme noms de variables. La structure du programme reste la même mais le texte est modifié en conséquence (voir Listing 2.2).

Listing 2.2 : `affect4bis.java` — Nouvelle version du programme

```
 1: public class affect4bis
 2: {public static void main(String args[])
 3:    {int x1,x2,x3,resultat;
 4:     x1=150;
 5:     x2=200;
 6:     x3=30;
 7:     resultat=x1+x2+x3;
 8:     System.out.println(resultat);
 9:    }
10: }
```

La compilation et l'exécution du programme permettront de mettre en place une structuration de la zone d'exécution similaire à la précédente (voir Figure 2.2), x étant remplacé par x1, y par x2, z par x3 et total par resultat. Une adresse est alors associée à chaque terme x1, x2, x3 et resultat. Les quatre cases ainsi référencées constituent la nouvelle zone d'exécution du programme. L'exécution s'y déroule comme précédemment, et la valeur calculée reste la même.

Variables et affectations

Nous présentons trois programmes construits avec plusieurs variables et qui mettent en jeu des affectations successives sur ces variables.

L'échange de deux valeurs

Le premier exemple permet d'échanger deux valeurs 5 et 7. Le Listing 2.3 donne le texte du programme :

Listing 2.3 : `echange.java` — Echange de deux valeurs

```
 1: public class echange
 2: {public static void main(String args[])
 3:    {int x,y,z;
 4:     x=5;
 5:     y=7;
```

```
 6:        z=x;
 7:        x=y;
 8:        y=z;
 9:        System.out.println(x);
10:        System.out.println(y);
11:    }
12: }
```

Le texte du programme commence par public class echange. Le nom de la classe echange est le terme que nous avons choisi pour désigner ce programme. C'est aussi le nom donné au fichier qui sauvegarde ce texte, comme nous l'impose Java. Puis figure à la ligne 2, l'intitulé public static void main(String args[]) qui introduit la fonction main(...) dont le rôle est de permettre l'exécution des instructions qu'elle contient. Entre les accolades qui suivent se trouvent la déclaration des variables et les instructions du programme. La déclaration int x, y, z; à la ligne 3 signifie que le programme est construit avec trois variables x, y et z dans lesquelles devront figurer des nombres entiers, comme l'indique le type int. Puis le programme est structuré par la succession d'affectations suivantes :

```
 4:        x=5;
 5:        y=7;
 6:        z=x;
 7:        x=y;
 8:        y=z;
```

Ce sont les cinq instructions d'affectation du programme. L'exécution de cette suite d'instructions se déroule comme l'indique la Figure 2.3.

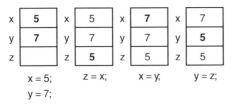

Figure 2.3 : Le déroulement de l'exécution.

Les valeurs 5 et 7 sont placées dans les variables x et y (lignes 4 et 5). Puis l'affectation suivante z=x; s'exécute en deux temps. Elle détermine d'abord la valeur de l'expression figurant à droite du signe égal : il s'agit de la valeur de x, c'est-à-dire 5. Puis cette valeur est placée dans la variable figurant à gauche du signe égal : z vaut maintenant 5.

L'instruction suivante est l'affectation x=y;. Elle prend en compte la valeur de y, c'est-à-dire 7, et place cette valeur dans la case désignée par x. Or, lorsqu'une nouvelle valeur est mise dans une case mémoire, l'ancienne valeur qui y figurait est effacée et remplacée par la nouvelle valeur. x qui était égal à 5 vaut maintenant 7.

Enfin la dernière instruction d'affectation s'exécute : y=z;. La valeur de z, c'est-à-dire 5, est recopiée et placée dans la case y : y vaut alors 5.

Au terme de cette succession d'affectations, les valeurs initiales x=5 et y=7 ont été échangées puisque la valeur de x est maintenant égale à 7 et celle de y à 5. Enfin, les instructions suivantes (lignes 9 et 10) transmettent ces valeurs à l'écran pour que l'utilisateur en prenne connaissance.

Ainsi, si l'on désire échanger deux valeurs lors d'un traitement informatique, il faut ajouter une variable (ici z) pour procéder ensuite à l'échange par recopies successives de valeurs. C'est l'ordre dans lequel les affectations sont écrites qui permet d'aboutir, lors de leur exécution, à l'échange souhaité, sans qu'il y ait perte d'information.

Une succession d'affectations typiques

Le Listing 2.4 donne un autre exemple pour examiner l'évolution des valeurs lors de l'exécution d'un programme structuré par des affectations successives.

Listing 2.4 : `affect5.java` — Une succession d'affectations

```
1: public class affect5
2: {public static void main(String args[])
3:    {int x,y,z;
4:    x=3;
5:    y=x+2;
```

```
 6:        y=y+1;
 7:        z=x*y;
 8:        System.out.println(z);
 9:        z=z-14;
10:        System.out.println(z);
11:    }
12: }
```

Ce programme est construit avec trois variables x, y et z (ligne 3). Il propose plusieurs affectations successives. Le déroulement de leur exécution est présenté à la Figure 2.4.

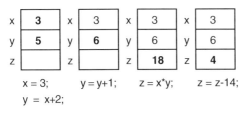

Figure 2.4 : Le déroulement de l'exécution du programme.

Après les deux premières affectations, x vaut 3 et y 5. L'instruction suivante est définie par y=y+1;. Cette affectation est typique de l'informatique. Elle s'exécute comme toutes les affectations : d'abord, l'unité de calcul détermine la valeur du terme qui figure à droite du signe égal. Ici, ce terme s'écrit y+1. Le calcul de sa valeur donne 5+1, c'est-à-dire 6. Puis ce résultat est placé dans la case désignée par le terme figurant à gauche du signe égal, c'est-à-dire y. L'ancienne valeur 5 est alors effacée. Elle est remplacée par la valeur qui vient d'être calculée par l'unité de calcul. Ainsi, grâce à l'affectation y=y+1;, on modifie la valeur d'une variable en l'incrémentant de 1.

L'instruction y=y+1; peut aussi s'écrire y++;. Cette syntaxe, très particulière, provient du langage C. Nous éviterons d'utiliser cette formulation.

 Une affectation n'est pas une égalité.

Une affectation écrite en Java est structurée par le signe égal. Mais ce signe = n'indique pas qu'il y a égalité au sens mathématique. En effet, une affectation est une instruction qui, lors de son exécution, modifie l'état de la variable figurant à gauche du signe =. Cela devient explicite lorsque l'on écrit y=y+1;. La valeur y+1 est calculée par l'unité de calcul et le résultat est placé, par affectation, dans la case désignée par y. Il y a modification de l'état de la variable y. On dit que y prend la valeur de y+1.

L'affectation est d'usage courant. Ainsi, on écrit par exemple : x=x+1; x=x+7; x=x-3; x=x*24.3;. Ce sont autant d'affectations modifiant la valeur de la variable concernée.

De la même façon, si l'on écrit x=66;, cela signifie que l'ancienne valeur de x est effacée et que x prend la valeur 66. Ce n'est pas une égalité, comme peut le suggérer la notation, mais une affectation.

Après l'exécution de l'instruction y=y+1; (ligne 6), le programme exécute z=x*y; (ligne 7). La variable z prend alors la valeur de 3*6, c'est-à-dire 18. Enfin, l'affectation z=z-14; (ligne 9) se déroule comme les précédentes affectations : calcul de la valeur du terme de droite, puis affectation de la valeur calculée à la variable z. Cette variable vaut maintenant 4.

Une autre succession d'affectations

Le troisième exemple utilise trois variables x, y et z. A la différence des exemples précédents, les valeurs de x et de y sont calculées de façon aléatoire par une fonction. A partir de ces deux valeurs, le programme propose plusieurs instructions d'affectation et leur exécution se déroule dans l'ordre, instruction par instruction. Voici le programme correspondant :

Listing 2.5 : `affect6.java` — Six affectations successives

```
 1: public class affect6
 2: {public static void main(String args[])
 3:    {int x,y,z;
 4:     x=(int)(Math.random()*10);
 5:     y=(int)(Math.random()*10);
 6:     System.out.println(x);
 7:     System.out.println(y);
 8:     z=x+y;
 9:     System.out.println(z);
10:     x=x-5;
11:     y=y+9;
12:     System.out.println(z);
13:     z=x+y;
14:     System.out.println(z);
15:    }
16: }
```

Avant d'étudier le déroulement de l'exécution de ce programme, présentons la fonction `Math.random()`.

La fonction *Math.random()*

Pour obtenir une valeur aléatoire quelconque, utilisez la fonction `Math.random()` qui donne comme résultat un nombre décimal compris entre 0 et 1 (bornes exclues). Si l'on multiplie ce nombre par 10 comme le propose le programme aux lignes 4 et 5, on obtient un nombre décimal compris entre 0 et 10 (bornes exclues). Puis si l'on met `(int)` devant `(Math.random()*10)`, seule la partie entière est retenue (notez bien l'écriture de toutes les parenthèses). Le résultat est un nombre entier compris entre 0 et 9, bornes inclues.

Nous pouvons vérifier ce processus en prenant des exemples. Si la fonction `Math.random()` donne comme valeur 0,567421, en multipliant par 10, on obtient 5,67421, et sa partie entière vaut 5.

Si la valeur initiale donnée par `Math.random()` est de 0,05674, le résultat final vaut 0. Si la valeur initiale vaut 0,9658, le résultat final vaut 9. L'utilisation de la fonction `Math.random()` permet donc de mettre par affectation dans la variable x une valeur au hasard comprise entre 0 et 9 (ligne 4), et de placer une seconde valeur aléatoire dans les mêmes conditions dans la variable y (ligne 5).

On pourrait aussi obtenir des nombres aléatoires compris entre 0 et 99 en multipliant par 100 au lieu de 10. De la même façon, si nous voulons obtenir des résultats aléatoires compris entre 0 et 49, il suffit de multiplier `Math.random()` par 50.

 Le langage Java propose bien d'autres fonctions algébriques. Voici quelques exemples :
`Math.cos(x)` **calcule le cosinus de x ;**
`Math.sin(x)` **calcule le sinus de x ;**
`Math.pow(x,y)` **calcule x à la puissance y ;**
`Math.sqrt(x)` **calcule la racine carrée de x ;**
`Math.round(x)` **détermine la valeur approchée entière du nombre décimal x.**

Ainsi, on écrit des affectations comme `y=Math.cos(x)`, `z=Math.sin(Math.sqrt(x))`, `t=Math.sqrt(Math.pow(x,2)+Math.pow(y,2))`, **etc.**

Les fonctions jouent un grand rôle en programmation. Nous utiliserons à plusieurs reprises la fonction `Math.random()` et présenterons de façon détaillée comment définir une fonction au Chapitre 11.

L'exécution séquentielle du programme

L'exécution du programme se déroule de la façon suivante :

1. L'utilisation de la fonction `Math.random()` permet d'affecter à x une valeur au hasard, comprise entre 0 et 9, et une seconde valeur aléatoire à la variable y (lignes 4 et 5). `System.out.println(...);` affiche alors les valeurs de x et de y.

2. L'affectation z=x+y; (ligne 8) fait l'addition des valeurs de x et de y et met la somme calculée dans la variable z. L'affichage de la valeur de z (ligne 9) confirme ce résultat.

3. Les valeurs de x et y sont ensuite modifiées par deux affectations. x=x-5; diminue la valeur de x de 5 (ligne 10), puis y=y+9; augmente la valeur de y de 9 (ligne 11). Bien que x et y aient été modifiées, aucune affectation n'est intervenue sur z : z a donc conservé sa valeur, ce qui est confirmé par l'affichage de son contenu (ligne 12).

4. La valeur de z est mise à jour par l'affectation suivante z=x+y; (ligne 13). Comme x a diminué de 5 et y augmenté de 9, z augmente de 4, ce qui est confirmé par l'affichage de sa valeur (ligne 14).

Lors d'une nouvelle exécution de ce programme, les valeurs aléatoires obtenues par le calcul de (int)(Math.random()) ne seront pas les mêmes, et les valeurs initiales de x et de y seront différentes. Ensuite, le processus sera identique au précédent, la mise à jour de z se faisant uniquement lors de la dernière affectation.

Réalisation d'un programme

Pour réaliser entièrement un programme, vous devez d'abord installer le kit de développement Java (Java 2 SDK) et un environnement, par exemple TextPad ou JCreator (voir Chapitre 1). Puis, vous devez suivre les trois étapes que nous avons présentées : l'édition, la compilation et l'exécution.

L'édition du texte

Vous pouvez procéder de deux façons :

• Téléchargez le fichier correspondant disponible sur le site **www.pearsoneducation.fr**. Ce fichier doit alors être recopié dans un répertoire adapté à votre environnement Java (voir Chapitre 1). Vous pouvez ensuite prendre connaissance du texte en l'affichant dans la fenêtre d'édition de votre environnement.

- Editez vous-même le texte en le saisissant au clavier. Dans ce cas, une fois que votre environnement est activé et après avoir répondu à ses demandes (voir Chapitre 1), saisissez le texte. Celui-ci est sauvegardé en général de façon automatique au début de l'étape de compilation.

Si vous voulez saisir vous-même de nombreux textes de programmes, nous vous conseillons de partir d'un texte initial prêt à l'emploi, comme celui-ci :

```
//--- modele.java
public class modele
    {public static void main(String args[])
        {
        }
    }
```

Ce texte débute par une ligne de commentaire indiquant qu'il s'agit d'un texte à sauvegarder dans un fichier modele.java. Il donne ensuite les deux lignes à introduire au début de tous les textes de programmes ainsi que les accolades à utiliser pour structurer les instructions. Ce texte, une fois édité, peut être sauvegardé dans un fichier modele.java.

Lorsque vous voulez définir un nouveau programme, vous éditez ce texte puis remplacez le terme modele par le nom du programme, aussi bien dans la ligne de commentaire qu'après les mots public class. Vous pouvez alors sauvegarder ce texte en créant un nouveau fichier portant le nom que vous venez de donner. Lorsque ces premiers correctifs sont enregistrés, introduisez la succession d'instructions nécessaires au programme dans le jeu d'accolades qui suit l'intitulé déclarant la fonction main(...). En effet, c'est à cet endroit que les instructions du programme doivent apparaître car le rôle de la fonction main(...) est justement de permettre l'exécution des instructions qu'elle contient. N'oubliez pas ensuite de sauvegarder à nouveau le texte.

La compilation

Lorsque votre texte est édité, vous devez le compiler en appliquant la commande proposée par votre environnement. La compilation crée alors un nouveau fichier dont le nom est suffixé par `class`, et dont le contenu est composé des instructions compilées du programme, selon un langage particulier appelé P-code.

Mais lors de la compilation, le logiciel Java procède à de nombreuses vérifications syntaxiques, ce qui lui permet de signaler les erreurs de syntaxe. Voici quelques erreurs typiques que vous pouvez commettre lorsque vous concevez vous-même des programmes, ou simplement si vous recopiez au clavier des textes de programmes déjà mis au point :

- La ligne `public class...` est mal formulée, en particulier lorsque le nom qui suit `public class` ne correspond pas au nom du fichier sauvegardant le texte.

- L'intitulé `public static void main(String args[])` est mal formulé.

- Les majuscules de certains mots du langage Java ont été oubliées.

- Les accolades qui structurent le programme ne sont pas toutes mises au bon endroit.

- Il manque une ou plusieurs accolades.

- Il manque un ou plusieurs points-virgules à la fin des instructions.

- Les instructions peuvent être mal écrites.

- Une ou plusieurs variables utilisées par des instructions n'ont pas été déclarées au début du programme.

Tant qu'il reste des erreurs de syntaxe, la compilation ne peut aboutir. Vous devez les corriger. Très souvent, l'environnement de développement vous permet de revenir dans le texte à corriger en cliquant sur le message d'erreur formulé par le compilateur.

Notez aussi que la compilation n'aboutit pas si le nom du fichier d'édition est suffixé par jav ou tout autre suffixe différent de java. Elle n'aboutit pas davantage si le compilateur Java ne trouve pas le fichier issu de l'édition. Dans ce cas, complétez les indications à donner au compilateur (se référer à la documentation de votre environnement de développement Java).

La compilation permet de mettre en évidence les erreurs de syntaxe. Mais elle ne peut extraire les erreurs de raisonnement ou les erreurs dans la formulation des calculs. Ainsi, par exemple, si vous mettez le signe moins à la place du signe plus en écrivant x=x-1; au lieu de x=x+1;, la compilation ne peut conclure que vous avez commis une erreur puisque cette dernière n'est pas une erreur de syntaxe.

L'exécution

Lorsque votre programme est compilé, il devient possible de l'exécuter en appliquant la commande proposée par votre environnement Java. L'exécution se déroule de façon séquentielle, instruction par instruction, de la première à la dernière.

Les programmes que nous proposons débutent par une déclaration qui donne les variables du programme. C'est ainsi que nous avons mis int x,y,z; au début des programmes précédents. Cette déclaration est prise en compte dans le processus d'exécution comme s'il s'agissait d'une instruction : elle permet alors de réserver des emplacements mémoire pour les variables indiquées dans la déclaration. L'ensemble de ces emplacements constitue la zone dans laquelle le programme va s'exécuter. C'est dans cet espace que les affectations figurant dans le programme seront appliquées.

Au terme de l'exécution, la zone des variables est effacée. Mais si l'on exécute une nouvelle fois le programme, les variables seront à nouveau mises en place dans la mémoire centrale : l'exécution du programme peut se dérouler dans l'espace ainsi défini.

Lorsque toutes les exécutions sont terminées et que vous passez à l'étude d'un nouveau problème, il reste sur le disque dur le fichier .java contenant le texte du programme et le fichier .class contenant les instructions compilées du programme.

Chapitre 3

Instructions de lecture et d'écriture

Au sommaire de ce chapitre

- Présentation
- Le fichier `Saisie.java`
- Deux exemples de programmes
- Comment concevoir un programme

Au chapitre précédent, nous avons étudié l'instruction d'affectation et la notion de variable. Nous présenterons dans ce chapitre les instructions de lecture et d'écriture en donnant plusieurs exemples de programmes utilisant ces deux instructions. Comme la définition des instructions de lecture est complexe en langage Java, nous vous proposerons des fonctions prêtes à l'emploi qui simplifient la formulation des programmes. Enfin, nous indiquerons comment concevoir un programme lorsqu'il fait appel aux instructions de lecture, d'écriture et d'affectation.

Présentation

Les instructions de lecture et d'écriture jouent un rôle différent de celui de l'instruction d'affectation car elles mettent en jeu des périphériques comme l'écran et le clavier :

- **L'instruction de lecture** permet au système informatique de recopier une valeur saisie au clavier et de la transférer dans une case mémoire de la mémoire centrale.

- **L'instruction d'écriture** permet de recopier la valeur d'une variable figurant en mémoire centrale pour la transférer sur l'écran et la rendre visible pour l'utilisateur.

Ces deux instructions organisent des transferts d'information allant du clavier vers l'unité centrale, ou de l'unité centrale vers l'écran. Comme il s'agit dans les deux cas de mouvements d'information entre l'unité centrale et un périphérique, vous pouvez les confondre. Pour éviter cela, placez-vous du point de vue de l'unité centrale et examinez si cette dernière reçoit ou donne de l'information.

Si l'unité centrale reçoit de l'information en provenance du clavier pour la mettre en mémoire centrale, il s'agit d'une **lecture** d'information appelée aussi **entrée** d'information.

Si l'unité centrale donne de l'information à l'extérieur, en direction de l'écran, il s'agit d'une **écriture** d'information, appelée aussi **sortie** d'information.

Les instructions de lecture et d'écriture font circuler l'information entre l'unité centrale et des périphériques, soit par entrée d'information, soit par sortie d'information, alors que l'instruction d'affectation déroule son exécution entièrement dans l'unité centrale, sans faire appel à de l'information extérieure à l'unité centrale.

Les transferts d'information en lecture et en écriture ont lieu comme l'indique la Figure 3.1.

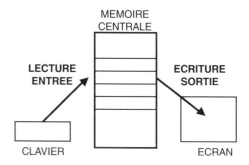

Figure 3.1 : Entrée et sortie d'information.

L'instruction de lecture en Java

L'instruction de lecture permet de réceptionner une valeur en provenance du clavier pour la mettre en mémoire centrale. Elle s'écrit de plusieurs façons en Java, selon la nature de l'information à mémoriser. Ainsi, par exemple :

- `Saisie.lire_String()` permet au système de recopier une chaîne de caractères saisie au clavier et de la transmettre en mémoire centrale.

- `Saisie.lire_int()` permet au système de recopier le nombre saisi au clavier et de le transmettre en mémoire centrale sous la forme d'un entier.

Pour que la valeur transmise en mémoire soit bien réceptionnée, il faut effectuer dans tous les cas une affectation. Ainsi, nous devrons écrire par exemple :

```
ch=Saisie.lire_String();
x=Saisie.lire_int();
```

De cette façon, la valeur lue par l'instruction de lecture est mise par affectation dans l'emplacement mémoire donné à gauche du signe égal : dans le premier cas, la chaîne de caractères saisie au clavier est transmise en mémoire centrale et devient, par affectation, la valeur de la variable ch ; dans le second cas, le nombre saisi au clavier devient la valeur de la variable x.

L'instruction d'écriture en Java

L'instruction d'écriture permet de transférer une valeur en direction de l'écran. Elle s'écrit en Java System.out.println(...). Son intitulé commence par une majuscule et il est structuré par trois mots séparés par un point : System indique que le système exécute cette instruction, out signifie vers l'extérieur et println(...) est une fonction informatique qui assure la recopie sur l'écran de la valeur du terme figurant entre parenthèses. println(...) peut aussi afficher des chaînes de caractères qui ne sont pas des variables mais des constantes, en faisant intervenir éventuellement un opérateur + dit de concaténation, qui relie les valeurs à afficher. Voici des exemples :

- System.out.println(x); permet d'afficher à l'écran le contenu de la case mémoire désignée par x, c'est-à-dire la valeur de x.

- System.out.println("Bonjour! Quel est votre nom ?"); assure l'affichage à l'écran de la chaîne de caractères "Bonjour! Quel est votre nom ?" : dans ce cas, l'argument de la fonction println(...) est considéré comme une constante et il est reproduit comme tel à l'écran.

- System.out.println("le resultat vaut "+x); assure l'affichage des deux termes donnés dans les parenthèses. Ces derniers sont reliés par + qui est ici un opérateur de concaténation, permettant de construire une seule chaîne de caractères en ajoutant à la première chaîne "le resultat vaut " la chaîne de caractères qui traduit la valeur de x. Ainsi, si la valeur de x est 43, l'instruction d'écriture affichera à l'écran "le resultat vaut 43" en ajoutant la chaîne de caractères "43" à la première chaîne.

Un premier exemple

Voici un premier exemple défini avec deux variables x et y, et avec les instructions que nous venons de présenter :

Listing 3.1: `entree_sortie1.java` — Un premier exemple

```
1: public class entree_sortie1
2: {public static void main(String args[])
3:    {int x,y;
4:     x=Saisie.lire_int();
5:     y=x+2;
6:     System.out.println("y vaut maintenant : "+y);
7:    }
8: }
```

Le texte du programme déclare les deux variables x et y à la ligne 3, en précisant que les valeurs de ces variables doivent être de type int, c'est-à-dire être des valeurs numériques entières. L'instruction de lecture est donnée par `Saisie.lire_int()` et le résultat obtenu par cette instruction est placé dans la variable x. Puis, par affectation, la valeur x+2 est mise dans la case mémoire y. Cette valeur est transmise sur l'écran par l'instruction d'écriture `System.out.println(...)`.

La Figure 3.2 présente le processus d'exécution de ce programme.

Après la mise en place des variables x et y dans la zone d'exécution, les instructions s'exécutent de la façon suivante :

1. `x=Saisie.lire_int();`. L'affectation prend tout d'abord en compte le terme qui figure à droite du signe égal. L'instruction de lecture `Saisie.lire_int()` intervient dès que l'utilisateur a fini de saisir le nombre qu'il veut proposer. Tant que l'utilisateur ne valide pas sa frappe au clavier, rien ne se passe ; mais dès que l'utilisateur valide le nombre qu'il vient de donner, l'instruction `Saisie.lire_int()` recopie cette valeur et la transfère vers la mémoire centrale. Cette valeur est mise ensuite par affectation dans la variable x. La figure indique que l'utilisateur a donné la valeur 14.

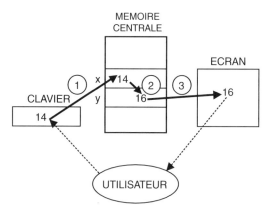

MEMOIRE
CENTRALE

ECRAN

CLAVIER

UTILISATEUR

Figure 3.2 : Le processus d'exécution.

2. y=x+2;. Par affectation, dans la mémoire centrale, y prend la valeur de x+2, c'est-à-dire 16.

3. System.out.println("y vaut maintenant : "+y);. L'instruction d'écriture affiche à l'écran "y vaut maintenant 16" et l'utilisateur en prend connaissance.

La figure indique comment l'information circule. D'abord, l'utilisateur saisit un nombre au clavier (action notée en pointillé). Dès que l'utilisateur valide son action, le programme exécute l'instruction de lecture numérotée 1. Puis il effectue l'affectation y=x+2; numérotée 2. Enfin, il exécute l'instruction d'écriture numérotée 3. L'utilisateur peut alors lire le résultat à l'écran, comme le suggère le trait pointillé.

Placez-vous du point de vue de l'unité centrale.
Vous avez sans doute noté que l'action d'écriture faite au clavier par l'utilisateur est suivie d'une instruction de lecture exécutée par le programme ; puis que l'instruction d'écriture en direction de l'écran se

conclut pour l'utilisateur par une action personnelle de lecture. Pour ce dernier, les actions d'écriture et de lecture sont donc inversées par rapport aux instructions mises en œuvre par le programme, ce qui peut entraîner des confusions.

Si vous voulez éviter toute mauvaise formulation, placez-vous du point de vue de l'unité centrale. Si vous recevez de l'information en provenance du clavier, il s'agit d'une instruction de lecture. Si vous transmettez de l'information à l'écran, il s'agit d'une instruction d'écriture.

 Pour exécuter ce programme, il faut avoir la possibilité d'exécuter `Saisie.lire_int()`. Le paragraphe suivant indique comment faire.

Le fichier *Saisie.java*

L'instruction d'écriture est simple à formuler en langage Java : il suffit d'écrire `System.out.println(...)` en remplaçant les `"..."` par l'expression à transmettre à l'écran. Par contre, l'instruction de lecture nécessite une formulation complexe, ce qui rend son emploi très lourd. Nous avons donc écrit le code une fois pour toutes en définissant des fonctions utilisables facilement. Toutes ces fonctions sont mises à votre disposition dans un fichier portant le nom de `Saisie.java`.

Nous avons d'abord défini quatre fonctions, différentes selon que la valeur saisie au clavier est une chaîne de caractères, un nombre entier, un nombre décimal ou un seul caractère :

- `Saisie.lire_String()` permet de transférer en mémoire centrale la chaîne de caractères donnée par l'utilisateur au clavier.

- `Saisie.lire_int()` permet de transférer en mémoire centrale le nombre entier que l'utilisateur a saisi au clavier.

- `Saisie.lire_double()` effectue le transfert en mémoire centrale du nombre décimal donné par l'utilisateur au clavier.

- `Saisie.lire_char()` permet de transférer en mémoire centrale l'unique caractère que l'utilisateur a saisi au clavier.

Nous proposons en complément une seconde version pour chacune de ces fonctions. Elle permet d'abord d'écrire à l'écran un message qui informe l'utilisateur de ce qu'il doit faire, puis permet d'effectuer le transfert de l'information que l'utilisateur formule au clavier, en réponse au message qu'il vient de lire. Chacune de ces fonctions est définie par la succession de deux instructions : d'abord `System.out.println(q)` qui affiche à l'écran le message q, puis `Saisie.lire_...()` qui permet de transférer l'information du clavier à la mémoire centrale et dont l'intitulé dépend du type de l'information transmise.

Ces quatre fonctions supplémentaires sont les suivantes, selon le type d'informations à transmettre :

- `Saisie.lire_String(q)` pour transmettre une chaîne de caractères en réponse au message affiché q ;

- `Saisie.lire_int(q)` pour transmettre un nombre entier dans la mémoire centrale suite au message affiché q ;

- `Saisie.lire_double(q)` pour transmettre une valeur numérique décimale afin de répondre au message affiché q ;

- `Saisie.lire_char(q)` pour transmettre en mémoire centrale le caractère saisi par l'utilisateur en réponse au message q qui vient d'être affiché.

 Le code de ces fonctions est présenté en annexe.

Saisie.lire_String(), comme toutes les autres fonctions présentes dans le fichier **Saisie.java**, commence par le mot **Saisie** avec un **S** majuscule. Elle est suivie par un autre terme lié par un point au mot **Saisie**.

Pour que ces fonctions puissent être exécutées lors de l'exécution du programme, il faut que leur code ait été compilé. Vous avez le choix entre deux façons de procéder : soit en téléchargeant le fichier Saisie.java, soit en incluant ce dernier dans le texte de votre programme.

- **Téléchargement du fichier Saisie.java** (vous le trouverez sur le site **www.pearsoneducation.fr**). Dans ce cas, le fichier doit être téléchargé dans le même répertoire que celui des fichiers de vos programmes. Puis compilez-le. Le résultat de la compilation est sauvegardé automatiquement dans un fichier nommé Saisie.class. Les fonctions compilées peuvent maintenant être utilisées lors de l'exécution de tous vos programmes car le système sait où trouver les fonctions dont l'intitulé commence par Saisie. Ce procédé est à utiliser une seule fois, au début de la mise en place de votre environnement de travail.

- **Recopie du texte du fichier Saisie.java dans chacun de vos programmes**. Par un copier/coller du texte du fichier Saisie.java (vous le trouverez sur le site **www.pearsoneducation.fr**), incluez le texte du fichier à la fin de vos programmes, après la dernière accolade fermante. Dans ce cas, lors de la compilation de votre programme, la partie provenant de Saisie.java est elle aussi compilée et donne lieu à la création d'un fichier Saisie.class qui prend place à côté de la version compilée de votre programme. Répétez ce procédé lors de la création de chacun de vos programmes.

Deux exemples de programmes

Voici deux programmes utilisant des instructions de lecture et d'écriture.

Quel est votre âge ?

Le premier programme demande son prénom et son année de naissance à l'utilisateur pour calculer son âge puis afficher un message de bienvenue dans lequel figure le prénom et l'âge de la personne.

Voici le texte de ce programme.

Listing 3.2 : `age1.java` — Quel est votre âge ?

```
 1:   public class age1
 2:    {public static void main(String args[])
 3:      {String prenom;
 4:       int annee;
 5:       int age;
 6:       System.out.println("Donne ton prenom : ");
 7:       prenom=Saisie.lire_String();
 8:       System.out.println("Donne l'annee de ta
             naissance : ");
 9:       annee=Saisie.lire_int();
10:       age = 2002-annee;
11:       System.out.println(prenom+" tu as "+age+"
             ans. Bonne chance !");
12:      }
13:    }
```

Le programme a été conçu de la façon suivante :

• **Lignes 3 à 5**. Ce programme est défini avec trois variables prenom, annee et age. La variable prenom aura pour valeur le mot que l'utilisateur donnera lors de l'exécution du programme. La variable annee aura pour valeur le nombre que l'utilisateur donnera pour indiquer sa date de naissance. Quant à la variable age, elle est prévue pour recevoir l'âge de l'utilisateur qui sera calculé à partir de sa date de naissance.

- **Lignes 6 et 7**. L'instruction d'écriture affiche d'abord à l'écran le message "`Donne ton prenom :` ". Puis intervient l'affectation dont le terme de droite est `Saisie.lire_String()`. Lors de l'exécution du programme, cette fonction attend que l'utilisateur du programme valide ce qu'il a saisi au clavier. Tant que le validation n'a pas eu lieu, aucune instruction n'est exécutée. Mais dès que l'utilisateur a validé le mot qu'il a saisi au clavier, ce mot est transmis en mémoire centrale. Par affectation, ce mot est ensuite placé comme valeur dans la case mémoire `prenom`. Comme la valeur attendue de la variable `prenom` doit être une chaîne de caractères, la variable est déclarée comme étant de type `String` et la fonction à mettre en œuvre est intitulée `Saisie.lire_String()`.

- **Lignes 8 et 9**. La suite d'instructions est identique à la précédente mais concerne une information de type `int`. Tout d'abord `System.out.println(...);` permet d'afficher à l'écran "`Donne l'annee de ta naissance :` ". Puis intervient l'affectation `annee=Saisie.lire_int();`. Dès que l'utilisateur a saisi au clavier et validé son année de naissance, le nombre est transmis à la mémoire centrale par la fonction `Saisie.lire_int()`. Enfin, par affectation, la valeur transmise devient la valeur de la variable `annee`.

- **Ligne 10**. Le calcul de l'âge de l'utilisateur est fait par l'affectation `age=2002-annee;`.

- **Ligne 11**. L'instruction d'écriture permet de transmettre sur l'écran les résultats obtenus lors de l'exécution des instructions précédentes. L'argument de `println(...)` est formé de quatre éléments : deux variables `prenom` et `age`, et deux chaînes de caractères constantes "` tu as `" et "` ans. Bonne chance !`". La valeur de la première variable et la valeur de la seconde variable sont prises en compte et associées aux deux autres chaînes par la concaténation opérée par le +. Ainsi, si le prénom est "`Amelie`" et que son année de naissance est 1982, le résultat affiché est "`Amelie tu as 20 ans. Bonne chance !`".

L'instruction prenom=Saisie.lire_String(); est précédée de l'instruction d'écriture System.out.println ("Donne ton prenom : "); qui permet de transmettre le message en direction de l'utilisateur. Une autre version est possible en utilisant la fonction Saisie.lire_String(q), comme nous l'avons indiqué précédemment. Vous pouvez donc remplacer les instructions figurant lignes 6 et 7 par une seule instruction qui s'écrit :

prenom=Saisie.lire_String("Donne ton prenom : ");
Cette formulation donne lieu, lors de son exécution, à l'exécution d'une instruction d'écriture, puis à celle d'une instruction de lecture, enfin à l'exécution de l'affectation elle-même. Il s'agit d'une formulation concise que nous utiliserons dorénavant dans tous les programmes où l'utilisateur devra saisir une information au clavier pour que celle-ci soit affectée à une variable du programme.

De la même façon, nous pouvons remplacer les deux instructions des lignes 8 et 9 par une instruction :

annee=Saisie.lire_int("Donne l'annee de ta naissance : ");

Calcul d'une moyenne de notes

Le deuxième programme est conçu pour permettre à un utilisateur de donner trois notes obtenues lors d'un examen. Il calcule ensuite la moyenne de ces trois notes et transmet le résultat à l'écran.

Voici le texte du programme.

Listing 3.3 : moy.java — Moyenne de trois notes

```
1: public class moy
2:   {public static void main(String args[])
3:     {double x;
4:      double y;
5:      double z;
6:      double moyenne;
7:      x=Saisie.lire_double("Donne une note : ");
```

```
 8:        y=Saisie.lire_double("Donne une note : ");
 9:        z=Saisie.lire_double("Donne une note : ");
10:        moyenne = (x+y+z)/3;
11:        System.out.println("La moyenne vaut "
           +moyenne);
12:     }
13:   }
```

Le programme est construit avec quatre variables : x, y, z et moyenne. Elles sont déclarées avec le terme double. Cela signifie que leurs valeurs numériques peuvent être des nombres décimaux (lignes 3 à 6).

L'instruction qui suit la déclaration des variables est l'affectation x=Saisie.lire_double("Donne une note : "); (ligne 7). Lors de son exécution, c'est d'abord le terme de droite qui est pris en compte. La fonction Saisie.lire_double(...) assure l'affichage du message "Donne une note : ", puis elle permet de transmettre en mémoire centrale, la valeur donnée par l'utilisateur au clavier. Enfin, par affectation, cette valeur est réceptionnée dans la variable x.

Le même processus a lieu lors de l'exécution des deux instructions qui suivent (lignes 8 et 9). L'utilisateur peut donc donner trois notes. La moyenne est ensuite calculée par l'affectation moyenne=(x+y+z)/3; (ligne 10).

Enfin, l'instruction System.out.println("La moyenne vaut "+moyenne); affiche à l'écran la chaîne de caractères "la moyenne vaut " complétée par la valeur de la moyenne.

Lors de l'exécution du programme, une erreur peut se produire si l'utilisateur ne donne pas au clavier des valeurs correspondant aux attentes du programme. Par exemple, si l'utilisateur saisit une chaîne de caractères au lieu de donner un nombre, l'interpréteur Java ne peut exécuter correctement l'instruction de lecture Saisie.lire_double("Donne une note :"). Il signale alors qu'une erreur a été commise et met fin immédiatement à l'exécution du programme.

Comment concevoir un programme

Les programmes précédents donnent quelques indications sur la façon de construire un programme en définissant d'abord les variables du programme, puis en structurant ce dernier en trois parties.

Déterminez les variables nécessaires à la résolution du problème posé. Il est nécessaire de mener une première analyse pour déterminer les variables indispensables à l'élaboration du programme. Lors de cette analyse, il est conseillé de préciser pour chaque variable le rôle que l'on souhaite lui faire jouer dans le programme. Ainsi, dans l'exemple précédent, les variables x, y et z servent à enregistrer chacune des notes alors que la variable moyenne sert uniquement à enregistrer le résultat du calcul.

Il est préférable de désigner chaque variable par un nom qui exprime son contenu et traduit son utilisation dans le programme. Par exemple, une note peut être désignée par x, y ou z, ou note1, note2 ou note3, ou par v1, v2, v3… Par contre, désigner une note par le mot table ou gaston, ou désigner la variable moyenne par somme ne peut que perturber l'élaboration du programme. Il est donc conseillé de donner aux variables des noms chargés de sens, en accord avec le rôle qu'on va leur faire jouer.

Le rôle des variables est aussi mieux défini lorsque l'on précise les valeurs que peuvent prendre ces variables, en particulier en donnant leur type (voir Chapitre 4). Si une variable est de type String, sa valeur doit être une chaîne de caractères ; si par contre, une autre variable est de type int, cela indique que l'on souhaite lui donner un nombre comme valeur. Ces deux déclarations indiquent que ces deux variables ne jouent pas le même rôle dans le programme.

Structurez ensuite le programme. Les programmes précédents sont tous bâtis selon le même schéma, en trois étapes :

1. D'abord, le programme est structuré par plusieurs instructions de lecture. Elles permettent à l'utilisateur de donner les valeurs que le programme lui demande lors de son exécution.

Au terme de cette première partie, les variables concernées ont alors chacune une valeur : ces valeurs sont les données que le programme examine ensuite.

2. Le programme effectue sur ces données tous les calculs et traitements informatiques nécessaires pour aboutir à la solution recherchée. Dans le cas du programme précédent, le traitement consiste à calculer la moyenne des trois notes à partir des données mises dans les trois variables. Dans de nombreux cas, les traitements seront plus complexes. Mais tous se dérouleront dans la zone formée par l'ensemble des variables du programme.

3. Enfin, dans une troisième partie, le programme permet de porter les résultats à la connaissance de l'utilisateur. Il le fait par l'emploi de l'instruction d'écriture. `System.out.println(...)` est exécutée autant de fois que nécessaire pour afficher les résultats.

Nous retrouverons ce schéma dans la construction de la plupart de nos programmes : lecture des données, traitement informatique de ces données puis écriture des résultats.

Chapitre 4

Types de variables

Au sommaire de ce chapitre

- Notion de type
- Opérations sur les valeurs
- Conversions des valeurs numériques
- Choix du type

Nous étudierons ici la notion de type en définissant les types élémentaires du langage Java. Nous verrons comment déclarer les variables et déterminerons les valeurs envisageables pour les variables d'un type donné. Nous proposerons également plusieurs programmes pour utiliser les opérateurs de calculs selon les types de variables et convertir une variable d'un type donné en une variable d'un autre type.

Notion de type

La notion de type permet de définir plusieurs catégories de variables. Chaque type spécifie la façon dont les valeurs des variables sont représentées en mémoire centrale et les opérations à effectuer sur ces valeurs.

Le langage Java propose les types suivants :

- pour les nombres entiers, positifs et négatifs : byte, short, int et long ;

- pour les nombres décimaux, positifs et négatifs : float et double ;

- pour les valeurs logiques vrai et faux : boolean ;

- pour les caractères : char.

Ces types sont dits élémentaires. Il existe un autre type, String, qui permet de définir des variables dont les valeurs sont des chaînes de caractères. Ce type se construit en faisant intervenir des notions d'objets. C'est pourquoi il n'appartient pas à la famille des types élémentaires.

 String commence par une majuscule alors que les termes désignant les types élémentaires débutent tous par une minuscule.

Les types élémentaires du langage Java

Chaque type définit la représentation des valeurs de ses variables. Or, cette dernière se fait grâce à l'intervention d'un codage qui transforme toute valeur en une succession de bits, chaque bit valant 0 ou 1. C'est donc le nombre de bits mis en œuvre par chaque type pour représenter une valeur qui caractérise chacun des types : ce nombre de bits vaut 1, 8, 16, 32 ou 64 selon les cas (voir Tableau 4.1).

Tableau 4.1 : Les types élémentaires du langage Java

Types	Taille	Valeurs possibles
byte	8 bits	de −128 à +127
short	16 bits	de −32 768 à +32 767
int	32 bits	de −2 147 483 648 à +2 147 483 647
long	64 bits	de -2^{63} à $(+2^{63} -1)$
float	32 bits	de −1,4E−45 à −3,4E38 et de +1,4E−45 à +3,4E38
double	64 bits	de −4,94E−324 à −1,79769E308 et de +4,94E−324 à +1,79769E308
boolean	1 bit	true ou false
char	16 bits	tous les caractères

Le tableau indique le nombre de bits retenus pour bien représenter, en mémoire centrale, une valeur de chaque type et les valeurs possibles qui en découlent pour chaque type de variables.

Les types conçus pour représenter les valeurs numériques présentent les caractéristiques suivantes :

- Une variable de type byte est une variable dont la valeur numérique est représentée après codage par 8 bits. Dans ce cas, le type permet de représenter uniquement les valeurs entières allant de −128 à +127.

- short est défini avec 16 bits. De ce fait, il est possible de bien représenter toutes les valeurs entières allant de −32 768 à +32 767.

- int est défini pour représenter des nombres entiers avec 32 bits. Dans ce cas, les valeurs numériques possibles vont de −2 147 483 648 à +2 147 483 647.

- long permet de représenter des nombres entiers avec 64 bits. L'espace des valeurs possibles est alors accru.

- `float` représente les valeurs numériques décimales avec 32 bits.

- `double` permet de représenter les valeurs décimales avec 64 bits, ce qui accroît encore les possibilités de représentation.

Les valeurs numériques maximales et minimales sont exprimées en puissance de 10 notée E. Ainsi, –1,4E–45 signifie que cette valeur vaut –1,4 multipliée par 10 à la puissance –45.

 Dans cet ouvrage, nous utiliserons fréquemment deux types pour représenter les valeurs numériques : `int` pour les nombres entiers et `double` pour les nombres décimaux.

Les autres types sont les suivants :

- `boolean` est défini par deux valeurs : `true` et `false` (vrai et faux). Il suffit d'un bit pour représenter l'une et l'autre valeur.

- `char` permet de bien coder un caractère avec 16 bits.

Quelques exemples de valeurs

Tout programme commence par la déclaration des variables en précisant le type de chaque variable. Ces déclarations imposent des contraintes aux valeurs des variables.

Prenons la déclaration suivante :

```
int x; double y; char z; boolean t;
```

Chaque variable est déclarée selon un type : `int`, `double`, `char`, `boolean`. Il est alors possible d'écrire :

```
x=44;
y=6.88;
z='e';
t=false;
```

En effet, la valeur introduite pour chacune des affectations correspond aux exigences imposées par chaque type.

Par contre, les affectations suivantes sont impossibles :

- x=67.32; car x est de type int et la valeur de x ne peut être décimale.

- z=32; car z est une variable de type char imposant que sa valeur soit un caractère.

- z="il faut beau"; car la valeur de z ne peut être une chaîne de caractères.

- t=0; car t étant une variable de type boolean, elle peut avoir uniquement comme valeur true ou false.

 La valeur d'une variable peut être donnée également lors de l'exécution d'une instruction de lecture. Dans ce cas, le type de la variable impose les mêmes contraintes à la valeur lue au clavier. Si celle-ci correspond aux exigences du type de la variable, la saisie de la donnée se fait correctement. Si par contre, l'utilisateur ne propose pas une valeur adaptée, une erreur d'exécution se produit au moment de la réception de la valeur saisie au clavier.

Dépassement des valeurs limites

Un autre problème peut survenir lors de l'exécution d'un programme si un calcul aboutit à un résultat dont la valeur dépasse les limites admises par le type de la variable (voir Listing 4.1).

Listing 4.1 : val_lim1.java — Dépassement des valeurs limites

```
1: public class val_lim1
2:   {public static void main(String args[])
3:     {int u,v,res;
4:      u=2000; //PROBLEME pour u=3000 lors de
         l'exécution;
5:      v=1000000;
6:      res=u*v;
7:      System.out.println("res = "+res);
8:     }
9:   }
```

Le programme concerne les variables u, v et res, toutes trois de type int. Lorsque u=2000 et v=1000000, le produit u*v est exécuté sans difficulté et la valeur calculée 2 000 000 000 est placée dans la variable res (ligne 6). Il n'y a pas d'erreur lors de l'exécution car la valeur calculée est inférieure à 2 147 483 647, valeur maximale admise par le type int.

Par contre, si nous remplaçons u=2000 par u=3000, le produit u*v est effectué apparemment sans problème mais nous obtenons comme réponse res= –1 294 967 296. Ce qui est faux puisque la réponse est nécessairement positive. En réalité, le résultat vaut 3 000 000 000. Comme cette valeur dépasse la valeur limite 2 147 483 647 imposée par le type int, elle ne peut donc pas être représentée correctement dans une variable res de ce type. Pour résoudre correctement le problème, il faudrait définir res comme une variable de type double car les capacités de représentation données par ce type sont beaucoup plus étendues.

Ainsi, lorsque des calculs numériques sont en jeu, il faut examiner les valeurs maximales et minimales attendues pour retenir le bon type.

Opérations sur les valeurs

Chaque type définit la représentation des valeurs de ses variables. Mais chaque type spécifie également le rôle des opérateurs qu'ils proposent. Nous présentons ici les opérateurs des types int, double et String.

Les opérateurs des types *int, double* et *String*

int et double disposent des opérateurs +, –, *, / et % :

- Les trois premiers opérateurs permettent d'effectuer les opérations algébriques d'addition, de soustraction et de multiplication.

- L'opérateur / est l'opérateur de division. Lorsqu'il effectue la division de deux valeurs de types int, le résultat obtenu est une valeur entière. Par contre, le résultat est de type double dès que l'une des deux valeurs au moins est de type double.

- Le dernier opérateur % donne comme résultat la valeur du reste lors de la division par /. Le résultat est un nombre entier dans le cas où la division concerne deux valeurs de type int ; dans le cas contraire, la réponse est de type double.

Le type String qui définit des variables dont la valeur est une chaîne de caractères est lui aussi muni d'un opérateur +. Ce n'est pas l'addition qui est utilisée pour faire l'addition de deux nombres mais l'opérateur de concaténation. Ce dernier permet d'ajouter une chaîne de caractères à la fin d'une autre chaîne de caractères.

Examinons deux exemples : le premier concerne les opérateurs / et % sur les nombres entiers, le second l'opérateur +.

Calculs avec les opérateurs / et %

Le premier programme permet à l'utilisateur de donner la durée d'un trajet en secondes. Il calcule ensuite le nombre d'heures, de minutes et de secondes correspondant à cette durée. Par exemple, si l'utilisateur indique 4 010 secondes, le programme donnera comme réponse 1 heure, 6 minutes et 50 secondes. Voici le texte du programme :

Listing 4.2 : `duree.java` — Durée en heures, minutes et secondes

```
 1: public class duree
 2:   {public static void main(String args[])
 3:     {int nbsec, h, reste, mn, s;
 4:      nbsec=Saisie.lire_int("Donne le nombre de
          secondes à étudier : ");
 5:      h = nbsec/3600;
 6:      reste = nbsec%3600;
 7:      mn = reste/60;
 8:      s = reste%60;
 9:      System.out.println(nbsec+" = "+h+" h "
          +mn+" mn "+s+" s");
10:     }
11:   }
```

Les variables du programme sont de type int. nbsec est le nombre initial de secondes dont la valeur est donnée par l'utilisateur ; h est le nombre d'heures, mn est le nombre de minutes et s le nombre de secondes que l'on cherche à calculer. Pour aboutir au résultat recherché, il faut introduire une variable supplémentaire appelée reste dont la valeur est obtenue en effectuant nbsec%3600.

Les instructions du programme sont les suivantes :

- **Ligne 4**. nbsec=Saisie.lire_int("...") ; assure la saisie de la valeur tapée au clavier par l'utilisateur et place cette valeur dans la variable nbsec.

- **Ligne 5**. h=nbsec/3600; est une affectation qui effectue d'abord le calcul de nbsec/3600. La division donne comme résultat un nombre entier qui est le nombre d'heures contenu dans nbsec. Le résultat est placé dans la case mémoire h. Si nbsec vaut 4 010, 4 010/3 600 vaut 1 et h=1.

- **Ligne 6**. L'affectation reste=nbsec%3600; effectue dans un premier temps le calcul nbsec%3600. Ce dernier donne la valeur du reste lorsque la division nbsec/3600 est effectuée. Ainsi, si nbsec vaut 4 010, 4 010/3 600 vaut 1 et le reste de la division 410. 410 devient par affectation la valeur de la variable reste qui donne le nombre de secondes restant à décomposer en minutes et secondes.

- **Lignes 7 et 8**. mn=reste/60; permet de calculer le nombre de minutes et s=reste%60; de déterminer le nombre de secondes qui reste.

- **Ligne 9**. L'instruction System.out.println(nbsec+" = "+h+" h "+mn+" mn "+s+" s") ; assure l'affichage du résultat. Les valeurs des variables nbsec, h, mn et s sont traduites sous forme de chaînes de caractères et l'opérateur + réalise la concaténation de ces chaînes et des chaînes de caractères constantes " =", " h ", " mn " et " s". Si l'utilisateur a donné 4 010 comme valeur à étudier, le résultat affiché est : 4010 =   1 h 6 mn 50 s.

Calculs avec l'opérateur +

Ce second programme utilise l'opérateur + pour concaténer des chaînes de caractères et pour additionner des valeurs numériques :

Listing 4.3 : `typesplus.java` — L'opérateur +

```
1: public class typesplus
2:    {public static void main(String args[])
3:       {String ch1,ch2,ch3,val1,val2,val3;
4:        int v1,v2,v3;
5:        ch1="bonjour!";
6:        ch2=" Comment allez-vous?";
7:        ch3=ch1+ch2;
8:        System.out.println(ch3);
9:        val1="48";
10:       val2="72";
11:       val3=val1+val2;
12:       System.out.println("le resultat vaut : "+val3);
13:       v1=48;
14:       v2=72;
15:       v3=v1+v2;
16:       System.out.println("le resultat vaut : "+v3);
17:       }
18:    }
```

Ce programme est construit avec six variables de type String (ligne 3) et trois de type int (ligne 4). Il développe successivement trois calculs :

* **Concaténation de ch1 et de ch2.** Après affectation, les variables ch1 et ch2 ont une valeur de type String (lignes 5 et 6). L'affectation ch3=ch1+ch2; (ligne 7) effectue le calcul donné à droite du signe égal : il s'agit d'une concaténation effectuée par l'opérateur + du type String. Puis la valeur calculée est placée dans ch3. System.out.println(ch3); affiche la valeur de ch3 et donne comme résultat "bonjour! Comment allez-vous?".

- **Concaténation de val1 et de val2**. La variable val1, de type String, reçoit comme valeur la chaîne de caractères "48" (ligne 9). Il s'agit d'une chaîne de caractères car nous avons pris soin de mettre des guillemets. Il en va de même pour val2 qui reçoit comme valeur la chaîne de caractères "72" (ligne 10). Lors de l'exécution de val3=val1+val2, la variable val3 de type String reçoit comme valeur le résultat du calcul val1+val2 (ligne 11). Comme ces deux valeurs sont de type String, l'opérateur + est l'opérateur de concaténation. Il donne comme résultat la chaîne de caractères "4872" : "72" est accolé à la chaîne "48" par concaténation.

- **Addition de v1 et v2**. Le calcul est différent du calcul précédent. En effet, ces deux variables sont de type int. Leurs valeurs 48 et 72 sont des nombres entiers (lignes 13 et 14) car nous avons pris garde de ne pas mettre de guillemets. L'affectation v3=v1+v2; (ligne 15) effectue le calcul v1+v2. Comme les deux valeurs sont des nombres entiers, l'opérateur + est celui du type int : il provoque l'addition des valeurs numériques 48 et 72. v3 vaut alors 120.

Conversions des valeurs numériques

Le langage Java impose plusieurs types de variables et oblige le programmeur à les prendre en compte dès le début de l'élaboration des programmes. Mais Java, comme tous les langages typés, propose des modalités de conversion pour que la valeur d'une variable d'un type donné puisse être convertie en une valeur d'un autre type.

Nous présentons deux cas : la conversion d'une valeur de type int en une valeur de type double, et la conversion inverse qui assure celle d'une valeur de type double en une valeur de type int.

Présentation

Conversion des valeurs de type *int* en valeurs de type *double*

Si x est une variable de type int et y une variable de type double, il est toujours possible d'écrire y=x. En effet, dans ce cas la valeur de x qui est représentée correctement par les 32 bits du type int est aussi bien représentée dans une variable de type double avec 64 bits. Il n'y a pas de perte d'information ni d'écriture supplémentaire à formuler.

Conversion des valeurs de type *double* en valeurs de type *int*

Pour effectuer cette conversion, nous devons la rendre explicite en introduisant le terme (int). Donnons un exemple dans lequel x est une variable de type double et y une variable de type int :

```
double x;
int y;
x = 12.365;
y =(int)x;
```

Par affectation, x prend la valeur décimale 12,365. L'affectation suivante s'écrit : y = (int) x;. Elle effectue d'abord l'opération (int) x qui permet de convertir la valeur décimale x en une valeur entière en éliminant les décimales du nombre. Puis elle place cette nouvelle valeur dans la variable y. Comme x vaut 12,365, (int) x donne 12 et y vaut 12.

 Notez les parenthèses qui entourent le type. Pensez à introduire (int) pour formuler la conversion y = (int) x;.

Cette technique est utilisable dès que vous voulez extraire la partie entière d'un nombre décimal. Dans ce cas, il y a perte d'information puisque la valeur du nombre est tronquée. Les deux exemples suivants illustrent ce procédé.

Tirages au hasard avec *Math.random()*

Lorsque nous voulons obtenir un nombre au hasard compris entre 0 et 1, nous utilisons la fonction prédéfinie Math.random() qui donne un résultat compris entre ces deux bornes 0 et 1 (bornes exclues). Mais lorsque le nombre au hasard que nous recherchons doit être compris entre deux bornes quelconques b1 et b2, nous devons faire un traitement spécifique sur la valeur retournée par la fonction Math.random().

Le programme suivant permet d'obtenir deux nombres entiers tirés au hasard : le premier est compris entre 0 et 99 (bornes incluses) et le second correspond au résultat obtenu lors d'un lancer de dé (les valeurs entières possibles vont de 1 à 6). Le Listing 4.4 donne le texte du programme.

Listing 4.4 : `conver1.java` — Tirages au hasard

```
 1: public class conver1
 2:   {public static void main(String args[])
 3:     {double val1,val2;
 4:      int res1,res2;
 5:      val1=Math.random()*100;
 6:      res1=(int)val1;
 7:      System.out.println("res1 = "+res1);
 8:      val2=Math.random()*6;
 9:      res2=(int)val2;
10:      res2=res2+1;
11:      System.out.println("res2 = "+res2);
12:     }
13:   }
```

Ce programme est conçu de la façon suivante :

- **Lignes 3 et 4 : déclaration des variables**. Les deux variables val1 et val2 sont de type double, et les deux variables res1 et res2 de type int.

- **Lignes 5 à 7 : calcul de res1**. La première affectation val1=Math.random()*100; calcule d'abord la valeur du terme situé à droite. Math.random() fournit comme résultat une valeur numérique décimale comprise entre 0 et 1, et le produit par 100 donne une valeur comprise entre 0 et 100 (bornes exclues). Cette valeur décimale devient la valeur de la variable val1. Pour faire de cette valeur un entier, il suffit d'écrire res1=(int)val1. La valeur de res1 est alors un nombre entier tiré au hasard, compris entre 0 et 99 (ces deux bornes incluses).

- **Lignes 8 à 11 : calcul de res2**. L'affectation val2=Math. random()*6; permet de placer dans la variable val2 une valeur numérique décimale comprise entre 0 et 6 (bornes exclues). Puis l'affectation res2=(int)val2; permet à res2 de prendre comme valeur la partie entière de la valeur de val2 : cette valeur est alors comprise entre 0 et 5, bornes incluses. Pour obtenir une valeur qui correspond au lancer d'un dé, il suffit d'ajouter 1 à cette valeur, comme cela est fait par res2=res2+1.

Il est possible de résumer la définition des variables res1 et res2 de la façon suivante (notez bien les parenthèses) :

```
res1=(int)(Math.random()*100);
res2=1+(int)(Math.random()*6);
```

Valeurs numériques arrondies

Le programme suivant indique comment arrondir la valeur d'un nombre décimal. Nous utilisons pour cela la fonction prédéfinie Math.round(x) qui permet d'arrondir la valeur de x à la valeur entière correspondante. Voici le texte du programme :

Listing 4.5 : arrondi1.java — Valeurs numériques arrondies avec la fonction Math.round(...)

```
 1: public class arrondi1
 2:   {public static void main(String args[])
 3:     {double x,val,val2,res2,val3,res3;
 4:      int res1;
 5:      x=756.7876549;
 6:      res1=(int)Math.round(x); // valeur arrondie
 7:      System.out.println(res1);
 8:      val=x*100;
 9:      val2=(int)Math.round(val);
10:      res2=val2/100;    // valeur arrondie au
                                   centieme
```

```
11:        System.out.println(res2);
12:        val3=(int)(x*100);
13:        res3=val3/100;   // valeur tronquee
14:        System.out.println(res3);
15:    }
16: }
```

Le programme est construit avec les variables x, val, val2, res2, val3, res3 de type double et avec la variable res1 de type int. Il étudie la valeur numérique 756,787 654 9 pour l'arrondir de deux façons :

- **Lignes 6 et 7**. La fonction Math.round(x) arrondit la valeur de x à la valeur entière correspondante, 757. Comme la valeur calculée par la fonction Math.round(x) est de type long, il est nécessaire de la convertir en une valeur de type int en plaçant (int) explicitement. La valeur 757 est alors mise dans la variable res1.

- **Lignes 8 à 11**. L'objectif est d'arrondir le nombre étudié au centième. Pour cela, il faut multiplier x par 100, et la variable val vaut alors 756 78,765 49. La fonction Math.round(val) arrondit cette valeur et propose 75 679 comme réponse. Cette valeur entière est ensuite recopiée dans la variable val2 lors de l'affectation val2=(int)Math.round(val) dans laquelle il faut, comme précédemment, introduire (int). En divisant ensuite cette valeur par 100, nous obtenons 756,79 qui devient la valeur de res2. Pour aboutir à ce résultat, nous avons pris la précaution de déclarer val2 comme étant de type double. Si nous avions retenu le type int, l'opérateur / présent à la ligne 10 aurait divisé deux valeurs de type int, et le résultat aurait été un entier.

Le programme propose ensuite de tronquer le nombre étudié en conservant deux décimales afin de mettre en évidence la **différence** qui existe entre la valeur d'un **nombre tronqué** et la valeur d'un **nombre arrondi**. A la ligne 12, l'affectation val3=(int)(x*100); permet de calculer x*100 qui vaut 75 678,765 49, puis d'en prendre la partie entière. val3 vaut alors 75678. Puis val3 est divisée par 100 et res3 prend la valeur 756,78 (ligne 13). La valeur obtenue correspond bien au nombre tronqué pour conserver deux décimales.

Ce résultat est différent du résultat de l'étude précédente dans laquelle la fonction `Math.round(val)` a permis de calculer la valeur arrondie.

Choix du type

Les déclarations des variables en Java doivent être formulées en précisant leur type. Il s'agit d'une contrainte pour le programmeur. Mais cette contrainte possède un côté positif car elle oblige à préciser d'emblée le rôle de chaque variable dans le programme et à choisir dès le début le type convenant le mieux.

Pour conclure, voici quelques exemples illustrant cette démarche :

- Choisir le type `int` pour définir une variable `moy` destinée à enregistrer la moyenne de plusieurs notes d'un étudiant ne convient pas, car toute moyenne est en général un nombre décimal. Il faut définir la variable `moy` comme étant de type `double`.

- Par contre, si vous voulez définir une variable `n` qui sert à compter le nombre d'étudiants dans un groupe de personnes, `n` peut être déclarée de type `int` car il n'est pas indispensable de la déclarer comme étant de type `double`. De façon générale, il est préférable de retenir le type `int` dès que possible et de prendre `double` uniquement si les valeurs numériques sont décimales. Mais, nous avons vu qu'il existait des cas particuliers où l'emploi du type `double` s'imposait même pour des valeurs entières (lorsque les valeurs sont très grandes, ou si l'on utilise l'opérateur `/` pour calculer des valeurs décimales par exemple).

- Enfin, si vous souhaitez enregistrer le nom d'un étudiant, il faut déclarer la variable comme étant de type `String`. De plus, si vous voulez enregistrer son numéro de carte d'étudiant, il est possible que le type `int` convienne si ce numéro est un vrai nombre. Mais s'il contient des lettres, par exemple 56432R98, il peut être enregistré uniquement comme valeur d'une variable de type `String`.

Il faut prêter attention au choix du type dès le début de l'élaboration d'un programme.

Chapitre 5

Instruction conditionnelle

Au sommaire de ce chapitre

- Présentation
- Valeurs `true` ou `false` de la condition
- Plusieurs instructions conditionnelles
- Applications

Nous présenterons dans ce chapitre l'instruction conditionnelle. Nous indiquerons sa syntaxe en Java, son rôle dans les programmes et son mode d'exécution. Puis, nous étudierons en détail la condition intervenant dans les instructions conditionnelles qui est une expression logique de type `boolean`. Nous examinerons enfin différents exemples qui utilisent plusieurs instructions conditionnelles et d'autres permettant de réaliser des applications.

Présentation

L'instruction conditionnelle est une instruction qui permet d'introduire une alternative dans les programmes. Elle est parfois appelée instruction de contrôle, branchement ou test. Elle fait partie des structures de contrôle, au même titre que l'instruction de répétition.

Syntaxe et exécution de l'instruction conditionnelle

La syntaxe de l'instruction conditionnelle est la suivante en Java :

```
if CONDITION INSTRUCTION N°1;
else INSTRUCTION N°2;
```

Lors de l'exécution du programme, cette instruction s'exécute ainsi : lorsque l'expression CONDITION est vraie, le programme exécute l'INSTRUCTION N°1 ; lorsque l'expression CONDITION est fausse, le programme exécute l'INSTRUCTION N°2. L'instruction conditionnelle peut donc se lire (et se comprendre) de la façon suivante : SI la condition est vraie, alors exécuter l'instruction n°1, SINON exécuter l'instruction n°2. if signifie donc SI et else SINON.

Selon la valeur logique prise par la condition, le programme exécute l'instruction n°1 ou n°2. Prenons un exemple. Soit moyenne, une variable dont la valeur constitue la moyenne de plusieurs notes. Nous pouvons définir une instruction conditionnelle de la manière suivante :

```
if (moyenne>=10) System.out.println("bravo !");
else System.out.println("dommage !");
```

Cette instruction conditionnelle est structurée par les termes suivants :

- (moyenne>=10) est la condition de l'instruction conditionnelle. Il s'agit d'une expression écrite avec l'opérateur >= qui signifie supérieur ou égal et prend une valeur de type boolean qui vaut true ou false, c'est-à-dire vrai ou faux.

- System.out.println("bravo"); est l'instruction n°1.

- System.out.println("dommage!"); est l'instruction n°2.

Notez les parenthèses pour écrire la condition. Notez aussi les points-virgules introduits à la fin de chacune des deux instructions figurant dans l'instruction conditionnelle.

Lors de l'exécution du programme, l'interpréteur Java examine la valeur de la variable `moyenne`. Si cette valeur est supérieure ou égale à 10, la comparaison avec 10 est vraie et la condition (`moyenne>=10`) a pour valeur `true`. Dans ce cas, le programme exécute l'instruction n°1 `System.out.println("bravo")`. Lorsque la moyenne est inférieure à 10, la condition (`moyenne>=10`) a pour valeur `false`. Dans ce cas, le programme exécute l'instruction n°2, c'est-à-dire `System.out.println("dommage!")`.

 Nous avons présenté le type `boolean` au Chapitre 4. Il est composé des deux valeurs `true` et `false`. Lors de l'exécution d'une instruction conditionnelle, l'interpréteur calcule logiquement la valeur de la condition. Ce calcul donne comme résultat une valeur de type `boolean` qui vaut `true` ou `false`.

Deux autres possibilités s'ajoutent à la syntaxe précédente :

- Si l'instruction n°2 consiste à "ne rien faire", il suffit d'écrire : `if CONDITION INSTRUCTION;` sans mentionner `else...`.

- Si l'instruction n°1 est une succession d'instructions, remplacez l'instruction n°1 par un bloc d'instructions. L'instruction n°2 peut, elle aussi, être remplacée par un bloc d'instructions. Nous présentons cette notion au Chapitre 6.

Exemple

Ce programme permet à l'utilisateur de donner trois notes x, y et z, puis calcule la moyenne de ces trois notes et affiche à l'écran un message dont le contenu dépend de la valeur de la condition (`moyenne>=10`). Il comprend une instruction conditionnelle identique à celle que nous venons de présenter. Son code est donné par le Listing 5.1.

Listing 5.1 : `moy_ok.java` — Calcul de la moyenne et test sur la moyenne

```
 1: public class moy_ok
 2:   {public static void main(String args[])
 3:     {double x,y,z,moyenne;
 4:       x=Saisie.lire_double("Donne un nombre : ");
 5:       y=Saisie.lire_double("Donne un nombre : ");
 6:       z=Saisie.lire_double("Donne un nombre : ");
 7:       moyenne = (x+y+z)/3;
 8:       if (moyenne >= 10) System.out.println
          ("Vous avez REUSSI car votre moyenne vaut
           "+moyenne);
 9:       else System.out.println("Vous avez ECHOUE
          car votre moyenne vaut "+moyenne);
10:     }
11:   }
```

Présentation du programme

Le programme est structuré de la façon suivante :

1. Il débute par la déclaration des variables x, y, z et moyenne, toutes quatre de type double. La fonction Saisie.lire _double("Donne un nombre") est utilisée trois fois de suite pour permettre à l'utilisateur de donner ses trois notes. Par affectation, les valeurs sont placées dans les variables x, y et z (lignes 4 à 6).

2. Il calcule ensuite la moyenne et place le résultat dans la variable moyenne avec l'affectation moyenne=(x+y+z)/3.

3. Enfin, il propose une instruction conditionnelle correspondant à celle que nous avons déjà présentée. Si la moyenne est supérieure ou égale à 10, le programme affiche la chaîne de caractères "Vous avez REUSSI car votre moyenne vaut " à laquelle la valeur de la variable moyenne est ajoutée. Dans le cas contraire, le système procède à l'affichage de la chaîne de caractères "Vous avez ECHOUE car votre moyenne vaut " à laquelle la valeur de la variable moyenne est ajoutée.

Si vous souhaitez arrondir avec deux décimales la valeur de la moyenne lors de son affichage, ajoutez une variable `val` de type `double` et introduisez les deux instructions suivantes après le calcul de la valeur de la moyenne :

- `val=(int)(Math.round(moyenne*100));`
- `val=val/100;`

Il suffit alors d'afficher `val` en plaçant l'instruction `System.out.println("..."+val)` dans l'instruction conditionnelle.

Diagramme

Il est possible de représenter la succession d'instructions de ce programme par un schéma appelé diagramme ou ordinogramme. Ce dernier met en évidence l'instruction conditionnelle (voir Figure 5.1).

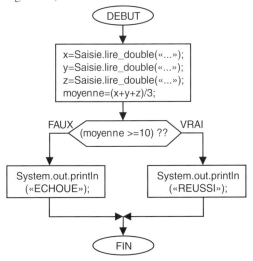

Figure 5.1 : Le diagramme du programme.

Le diagramme permet de suivre le déroulement de l'exécution. Le point de départ est donné par "DEBUT". Le programme exécute d'abord les quatre premières instructions. Puis lors de l'exécution de l'instruction conditionnelle, une alternative se présente : si la valeur de la variable moyenne est supérieure ou égale à 10, le programme "prend le chemin" de droite et exécute l'instruction indiquée, sinon il "prend le chemin" de gauche et exécute l'autre instruction. Puis les flèches aboutissent ensuite au mot "FIN" car l'exécution du programme est terminée.

Valeurs *true* ou *false* de la condition

La condition qui introduit toute instruction conditionnelle prend la forme d'une expression structurée à l'aide d'opérateurs, opérateurs de comparaison comme dans l'exemple précédent, mais aussi opérateurs logiques. Voici ces deux sortes d'opérateurs.

Opérateurs de comparaison

Les opérateurs de comparaison sont les suivants : <, <=, >, >=, == et !=. Ils s'appliquent à des couples de variables de types élémentaires et permettent d'écrire des comparaisons comme x<y, x<=y, x>y, x>=y, x==y et x!=y dont le résultat est une valeur true ou false de type boolean :

- < permet de formuler des comparaisons comme x<y qui se lit "x inférieur à y". Si x vaut 3 et y vaut 7, la comparaison est vraie ; elle prend la valeur booléenne true. Si x vaut 7,55 et y vaut 2, la comparaison est fausse ; elle prend la valeur booléenne false.

- <= est l'équivalent de inférieur ou égal.

- > permet d'écrire des comparaisons comme x>y qui se lit "x supérieur à y". Si la valeur de x est supérieure à la valeur de y, le résultat prend la valeur booléenne true ; sinon, le résultat a pour valeur false.

- `>=` est l'équivalent de supérieur ou égal.

- `==` définit une égalité en écrivant deux signes égal successifs. Si l'on écrit x==y et que les valeurs de x et de y sont égales, l'expression x==y a pour valeur `true` ; dans le cas contraire, la valeur est `false`.

- `!=` définit une comparaison à l'opposée de la précédente. Elle signifie différent car le ! introduit une négation. Si la valeur de x est différente de celle de y, la comparaison x!=y est vraie et prend la valeur `true`. Si les deux valeurs sont égales, x!=y vaut `false`.

Ces opérateurs de comparaison sont utilisables pour des variables de types élémentaires quelconques (`int`, `double`, `char`, etc.).

Ne pas confondre = et ==

Lorsque nous voulons écrire une affectation, nous utilisons le signe égal, comme par exemple dans x=y;. Nous définissons une instruction qui lors de son exécution, conduit l'interpréteur Java à modifier l'état de la variable x en mettant comme valeur celle de la variable y.

Mais lorsque nous voulons comparer deux valeurs, nous écrivons par exemple x==y. Nous définissons alors une égalité, vraie ou fausse. Cette égalité est examinée par l'interpréteur Java, sans qu'il procède à la moindre modification des valeurs des variables.

= définit une instruction d'affectation alors que == définit une égalité qui est une expression vraie ou fausse. = provoque une modification de l'état de la mémoire alors que == n'entraîne aucun changement dans la mémoire centrale.

Opérateurs logiques

La condition qui figure dans toute instruction conditionnelle est donc une expression logique structurée avec un opérateur de comparaison. Elle prend comme valeur `true` ou `false`. Mais elle peut aussi être formée de plusieurs expressions élémentaires réunies avec les opérateurs logiques `&&` et `||`:

- `&&` équivaut à ET. Cet opérateur assure la conjonction de deux expressions. Si `x>100` et `x<500` sont deux expressions, la condition (`x>100 && x<500`) est vraie quand les deux expressions `x>100` et `x<500` sont vraies en même temps, exprimant ainsi que x est compris entre 100 et 500.

- `||` équivaut à OU. Ecrire (`x==y || x==z`) signifie que la condition est vraie si au moins une des deux expressions élémentaires est vraie. Elle est donc vraie si `x==y` est vraie, ou si `x==z` est vraie, ou si les deux expressions sont vraies en même temps.

Soient A et B deux expressions logiques, vraies ou fausses. Les valeurs de A&&B sont les suivantes :
- **Si A vaut `true` et B vaut `true`, A&&B vaut `true`.**
- **Si A vaut `true` et B vaut `false`, A&&B vaut `false`.**
- **Si A vaut `false` et B vaut `true`, A&&B vaut `false`.**
- **Si A vaut `false` et B vaut `false`, A&&B vaut `false`.**

Les valeurs de A||B sont les suivantes :
- **Si A vaut `true` et B vaut `true`, A||B vaut `true`.**
- **Si A vaut `true` et B vaut `false`, A||B vaut `true`.**
- **Si A vaut `false` et B vaut `true`, A||B vaut `true`.**
- **Si A vaut `false` et B vaut `false`, A||B vaut `false`.**

Voici deux programmes qui utilisent les opérateurs logiques et les opérateurs de comparaison.

Etude d'un code d'entrée

Pour entrer dans un immeuble dont la porte est verrouillée par un code, il faut donner un nombre pair compris entre 0 et 500 (bornes comprises). Si le nombre fourni correspond à ce code, la porte s'ouvre ; dans le cas contraire, la porte reste fermée. Voici le programme qui simule une telle situation :

Listing 5.2 : `code.java` — Test sur un code d'entrée

```
1: public class code
2:   {public static void main(String args[])
3:     {int nb;
4:      nb=Saisie.lire_int("Donne la valeur du
         code : ");
5:      if (nb>=0 && nb<=500 && nb%2==0) System.out
         .println("OK, le code est bon !");
6:      else System.out.println("NON, le code est
         mauvais !");
7:     }
8:   }
```

Le programme permet à l'utilisateur de donner une valeur entière à la variable nb (ligne 4). Pour satisfaire le code d'entrée, la variable nb doit respecter deux conditions : être comprise entre 0 et 500 (bornes comprises) et être un nombre pair.

La première condition est donnée par une double inégalité algébrique. Mais en programmation, quel que soit le langage, il faut transcrire une double inégalité en deux inégalités. Nous devons donc considérer nb>=0 et nb<=500 et utiliser l'opérateur && pour écrire nb>=0 && nb<=500.

La seconde condition est que nb soit pair. Or, nb est pair si le reste de la division entière de nb par 2 est nul. Il suffit donc d'étudier la valeur de nb%2 puisque l'opérateur % donne comme résultat la valeur du reste. Si l'égalité nb%2==0 est vraie, nb est un nombre pair. Par contre, si l'égalité nb%2==0 est fausse, nb est un nombre impair.

La condition globale est donc la conjonction des trois expressions suivantes :

```
(nb>=0 && nb<=500 && nb%2==0)
```

Elle vaut true si les trois expressions élémentaires sont vraies en même temps ; elle vaut false si l'une de ces expressions au moins est fausse. 444 est une valeur qui satisfait les trois conditions. Par contre 668, bien qu'étant un nombre pair, ne convient pas car il rend l'expression x<=500 fausse ; 333 ne convient pas car il s'agit d'un nombre impair compris entre 0 et 500.

 Notez bien que la condition dans son ensemble est entre parenthèses. Nous avons écrit (nb>=0 && nb<=500 && nb%2==0) avec un seul jeu de parenthèses et non (nb>=0) && (nb<=500) && (nb%2==0).

Etude de trois nombres

Le second programme propose à l'utilisateur de donner trois valeurs numériques pour étudier ensuite si l'une des valeurs est égale à la somme des deux autres. Si c'est le cas, le programme affiche OK, sinon il affiche NON. Voici ce programme qui utilise l'opérateur logique || :

Listing 5.3 : `troisnbs.java` — Une valeur égale à la somme de deux autres ?

```
1: public class troisnbs
2:   {public static void main(String args[])
3:     {int x,y,z;
4:      x=Saisie.lire_int("Donne le premier
         nombre : ");
5:      y=Saisie.lire_int("Donne le deuxième
         nombre : ");
6:      z=Saisie.lire_int("Donne le troisième
         nombre : ");
7:      if (x==y+z || y==x+z || z==x+y) System.out
         .println("OK, l'un des nombres est egal à
         la somme des deux autres");
```

```
8:        else System.out.println("NON, aucun nombre
          n'est egal à la somme de deux autres");
9:      }
10:   }
```

Les trois variables x, y, et z sont de type int, et la fonction Saisie.lire_int("Donne ...") permet à l'utilisateur de donner une valeur à chacune des variables (lignes 3 à 6). Puis l'instruction conditionnelle est définie par la condition (x==y+z || y==x+z || z==x+y) à la ligne 7. Elle est la traduction de la condition "x==y+z OU y==x+z OU z==x+y", vraie si l'une de ces comparaisons au moins est vraie.

Si x=5, y=7 et z=2, la condition est vraie car y==x+z est vraie alors que les deux autres comparaisons sont fausses. Dans ce cas, le message affiché est "OK, l'un des nombres est egal à la somme des deux autres". Par contre, si x=44, y=7 et z=2, aucun des nombres n'est égal à la somme des deux autres, la condition est donc fausse et le second message s'affiche à l'écran lors de l'exécution du programme.

Plusieurs instructions conditionnelles

Dans les exemples précédents, les instructions conditionnelles ont été rédigées en respectant la syntaxe :

```
if CONDITION INSTRUCTION N°1;
else INSTRUCTION N°2;
```

et en plaçant System.out.println("...") comme instructions n°1 et n°2.

Mais les instructions n°1 et n°2 peuvent être des instructions quelconques. Elles peuvent donc être, elles aussi, des instructions conditionnelles. Nous obtenons alors une instruction comme celle-ci :

```
if CONDITION_1 INSTRUCTION N°1;
else if CONDITION_2 INSTRUCTION N°2a;
     else INSTRUCTION N°2b;
```

Dans ce cas, l'instruction n°2 est remplacée par une instruction conditionnelle définie avec CONDITION_2.

L'instruction conditionnelle complète s'exécute de la façon suivante : si CONDITION_1 est vraie, le programme exécute l'instruction n°1. Sinon (CONDITION_1 est fausse), le programme considère la seconde instruction conditionnelle. Dans ce cas, si CONDITION_2 est vraie, le programme exécute l'instruction n°2a ; sinon (CONDITION_1 est fausse et CONDITION_2 est fausse elle aussi), le programme exécute l'instruction n°2b.

A son tour, l'instruction n°1 peut être remplacée par une instruction conditionnelle. Mais l'instruction n°2b peut elle aussi être changée pour une instruction conditionnelle, qui, à son tour, peut contenir de nouvelles instructions conditionnelles. Nous aboutissons à des formulations comme :

```
if C1 if C11 INST_1a;
       else INST_1b;
else if C2 INST_2;
     else if C3 INST_3a;
          else INST_3b;
```

Dans cette définition C1, C11, C2 et C3 sont des conditions vraies ou fausses, et INST_1a, INST_1b, INST_2, INST_3a et INST_3b des instructions.

Chaque else se rapporte à un if. C'est la structuration de l'instruction conditionnelle qui indique à quel if se rapporte un else.

Lorsque les instructions conditionnelles sont définies avec d'autres instructions conditionnelles, elles sont dites en cascade ou emboîtées. Voici un exemple qui indique comment mettre en forme de telles instructions.

Un exemple d'instructions conditionnelles en cascade

Nous proposons de calculer le prix d'un voyage dont le montant dépend d'un taux de réduction désigné par la variable taux. Le taux de réduction est défini par le Tableau 5.1 à partir du nombre des enfants qui font partie du voyage (nb désigne le nombre des enfants).

Tableau 5.1 : Les valeurs de taux à partir des valeurs de nb

nb	taux
0	0
1	0,1
2	0,22
>=3	0,35

Voici le programme correspondant qui permet à l'utilisateur de donner le prix initial à payer, ainsi que le nombre nb des enfants, puis calcule le prix réel à payer après réduction :

Listing 5.4 : reduction1.java — Instructions conditionnelles en cascade

```
 1: public class reduction1
 2:   {public static void main(String args[])
 3:     {double prix,taux;
 4:      int nb;
 5:      prix=Saisie.lire_double("Donne la somme a
         payer : ");
 6:      nb=Saisie.lire_int("Donne le nombre
         d'enfants : ");
 7:      if (nb==0) taux=0;
 8:      else if (nb==1) taux=0.1;
 9:           else if (nb==2) taux=0.22;
10:                else taux=0.35;
11:      prix = prix*(1-taux);
12:      System.out.println(prix);
13:     }
14:   }
```

Présentation du programme

Le programme est défini par trois variables : les variables prix et taux de type double, et la variable nb de type int (lignes 3 et 4). La fonction Saisie.lire_double("Donne la somme a payer : ") permet à l'utilisateur de donner le prix initial à étudier. La valeur saisie au clavier est alors affectée à la variable prix (ligne 5). La fonction Saisie.lire_int("Donne le nombre d'enfants : ") permet à l'utilisateur de donner le nombre des enfants et ce nombre devient la valeur de nb par affectation (ligne 6).

L'instruction suivante est une instruction conditionnelle. Elle commence ligne 7 et se termine ligne 10. Elle s'écrit :

```
7:       if (nb==0) taux=0;
8:       else if (nb==1) taux=0.1;
9:            else if (nb==2) taux=0.22;
10:               else taux=0.35;
```

selon la syntaxe que nous venons de présenter.

Exécution du programme

L'exécution du programme se fait en fonction de la valeur de nb. Prenons plusieurs exemples :

- Si nb vaut 0, la première condition (nb==0) est vraie, et le programme exécute l'affectation taux=0;. L'exécution de l'instruction conditionnelle est terminée et le programme exécute l'affectation prix=prix*(1-taux); donnée ligne 11.

- Si nb vaut 1, la première condition est fausse car nb est différent de 0 et l'interpréteur Java examine l'instruction qui suit le else correspondant (ligne 8). else (c'est-à-dire "sinon") donne accès à if (nb==1)... Comme la condition (nb==1) est vraie, le programme exécute l'affectation taux=0.1;. Puis il passe à l'instruction suivante qui met à jour la valeur de la variable prix, comme dans le cas précédent (ligne 11).

- Si nb vaut 2, la première condition (nb==0) est fausse et le programme emprunte le chemin défini par le premier else. Mais comme la deuxième condition (nb==1) est fausse elle aussi, le programme exécute l'instruction donnée après le else qui suit (ligne 9). Il s'agit de if (nb==2)... Comme (nb==2) est vraie, le programme effectue l'affectation taux=0.22; puis passe à l'instruction suivante comme précédemment (ligne 11).

- Si nb vaut 3, les trois premières conditions sont fausses. Le programme emprunte donc le chemin défini par le dernier else et exécute l'affectation taux=0.35; (ligne 10). Lorsque nb vaut plus de 3, le processus est le même puisque les trois premières conditions sont encore fausses et taux=0.35;. Puis le programme exécute l'instruction suivante (ligne 11).

Cette cascade de if ... else ... décrit tous les cas présentés dans le tableau de l'énoncé. A chaque if correspond un else, ce qui permet de mettre en évidence tous les cas à étudier. Le programme calculera le prix réel à payer en utilisant le taux de réduction (ligne 11) puis affichera le résultat (ligne 12).

Il subsiste néanmoins un problème. Si l'utilisateur donne à nb une valeur négative, les trois conditions (nb==0), (nb==1) et (nb==2) sont fausses. Dans ces conditions, le programme exécute la dernière affectation taux=0.35;. Nous supposons ici que l'utilisateur évite de tomber dans cette situation en ne donnant pas de valeur négative.

Une autre version avec *if...* sans *else...*

Une autre version de ce programme est envisageable en introduisant une succession d'instructions conditionnelles sans else... mais vous devez prendre des précautions.

Listing 5.5 : `reduction2.java` — Une succession d'instructions conditionnelles sans `else...`

```
1: public class reduction2
2:   {public static void main(String args[])
3:     {double prix,taux;
4:       int nb;
5:       prix=Saisie.lire_double("Donne la somme a
           payer : ");
6:       nb=Saisie.lire_int("Donne le nombre
           d'enfants : ");
7:       taux=0;
8:       if (nb==0) taux=0;
```

```
 9:        if (nb==1) taux=0.1;
10:        if (nb==2) taux=0.22;
11:        if (nb>=3) taux=0.35;
12:        prix = prix*(1-taux);
13:        System.out.println(prix);
14:      }
15:    }
```

Ce programme est défini comme le programme précédent. Mais au lieu de présenter une instruction conditionnelle unique définie à partir d'autres instructions conditionnelles, il est structuré par quatre instructions if ... sans que else... soit introduit :

```
 8:        if (nb==0) taux=0;
 9:        if (nb==1) taux=0.1;
10:        if (nb==2) taux=0.22;
11:        if (nb>=3) taux=0.35;
```

Cette rédaction est envisageable car nous pouvons écrire une instruction conditionnelle de la façon suivante :

```
if CONDITION INSTRUCTION;
```

Si la condition est vraie, le programme exécute l'instruction formulée après la condition ; par contre, si la condition est fausse, rien ne s'exécute dans le cadre de cette instruction conditionnelle. L'exécution du programme se poursuit par l'exécution de l'instruction suivante. Pour considérer différents cas, il suffit alors de faire figurer une succession d'instructions if... sans else..., en prenant garde d'énoncer toutes les situations explicitement.

Nous avons donc introduit les conditions (nb==0), puis (nb==1) et (nb==2). Enfin, nous avons formulé la dernière condition en écrivant (nb>=3). Les cas qui nous intéressent sont énoncés de façon détaillée et correspondent à chaque ligne du tableau donnée dans l'énoncé initial.

Une dernière précision : le compilateur Java nous oblige à attribuer une valeur initiale à la variable taux (voir Ligne 7) car nous n'avons pas étudié tous les cas possibles. En effet, nous avons volontairement omis le cas où nb est négatif. Nous supposons que l'utilisateur donne toujours une valeur positive ou nulle.

Le programme suivant est faux :

```
 8:        if (nb==0) taux=0;
 9:        if (nb==1) taux=0.1;
10:        if (nb==2) taux=0.22;
11:        else taux=0.35;
```

Si vous formulez le dernier test en introduisant `else...`, l'exécution du programme est modifiée et conduit à une erreur.

Supposons que `nb` ait pour valeur 1. Dans ce cas, `(nb==1)` est vraie, et `taux` prend la valeur de 0,1 lors de l'exécution de l'affectation (ligne 9). Ensuite, comme `nb` est différent de 2, le programme emprunte le chemin donné par `else` à la ligne 11 et `taux` prend alors la valeur de 0,35, écrasant l'ancienne valeur, ce qui conduit à un résultat faux.

Introduire `else...` à la fin d'une succession de `if...` écrits chacun sans `else...` détruit la cohérence du raisonnement car `else...` ne concerne alors que le dernier `if...`

Une dernière version avec *switch... case...*

Il existe encore une autre version. En effet, si les valeurs mises en évidence dans la formulation des conditions concernent des valeurs ponctuelles de type `int` ou `char`, il est possible de reformuler le programme en utilisant une instruction de sélection multiple construite avec `switch...case...` Voici le programme correspondant :

Listing 5.6 : `reduction3.java` — Une sélection multiple avec `switch...case...`

```
1: public class reduction3
2:    {public static void main(String args[])
3:       {double prix,taux;
4:        int nb;
5:        prix=Saisie.lire_double("Donne la somme a
          payer : ");
6:        nb=Saisie.lire_int("Donne le nombre
          d'enfants : ");
```

```
 7:        switch(nb)
 8:          {case 0 : taux=0; break;
 9:           case 1 : taux=0.1; break;
10:           case 2 : taux=0.22; break;
11:           default :taux=0.35;}
12:        prix = prix*(1-taux);
13:        System.out.println(prix);
14:      }
15:   }
```

L'instruction switch...case... porte sur la variable nb. Selon les cas, la variable taux prend les valeurs indiquées :

- case 0 : taux=0; signifie "dans le cas où nb vaut 0", alors taux=0 (ligne 8).

- case 1 : taux=0.1; signifie "dans le cas où nb vaut 1", alors taux=0.1 (ligne 9).

- case 2 : taux=0.22; signifie "dans le cas où nb vaut 2", alors taux=0.22 (ligne 10).

- Enfin default : taux=0.35; signifie que "si aucun des cas précédents n'est vrai", alors taux=0.35 (ligne 11).

Cette formulation ressemble à la précédente. Mais attention, default introduit un cas alternatif à tous les autres. Si nb vaut 3 ou davantage, le branchement défini par default est emprunté lors de l'exécution du programme et taux vaut 0,35. Mais si l'utilisateur a mis par erreur –2 comme nombre d'enfants, ce cas s'appliquera puisque les tests précédents n'auront pas été concluants. taux vaudra aussi 0,35.

La syntaxe de l'instruction de sélection est switch(nb) {case ...}. Deux accolades sont introduites pour regrouper les cas définis par switch...case...

Chaque cas commençant par case se termine par break. Cette formulation signifie que si le cas étudié est concluant, l'exécution de switch(nb)...{case...} est terminée : les autres cas ne sont pas examinés et le programme passe à l'exécution de la première instruction qui suit l'instruction de sélection switch...case...

Applications

Pour conclure ce chapitre, nous vous proposons deux applications.

Addition ou multiplication de deux nombres

La première application étudie le problème suivant : deux nombres sont donnés par l'utilisateur et celui-ci doit avoir la possibilité d'exécuter tel ou tel calcul numérique concernant ces deux valeurs. Nous présentons une solution en considérant que l'utilisateur a le choix entre deux calculs : effectuer l'addition des deux nombres ou leur multiplication.

Voici le texte du programme :

Listing 5.7 : `addmult.java` — Addition ou multiplication de deux nombres

```
 1: public class addmult
 2:   {public static void main(String args[])
 3:    {int x,y,resultat;
 4:     char reponse;
 5:     x=Saisie.lire_int("Donne le premier
          nombre : ");
 6:     y=Saisie.lire_int("Donne le deuxieme
          nombre : ");
 7:     reponse=Saisie.lire_char("addition : tapez
          a, multiplication : tapez m => ");
 8:     if (reponse=='a') resultat=x+y;
 9:     else if (reponse=='m') resultat=x*y;
10:          else resultat=0;
11:     if (reponse=='a' || reponse=='m')
          System.out.println("Resultat = "+resultat);
12:     else System.out.println("pas de resultat
          calcule");
13:    }
14:   }
```

Le programme est conçu avec quatre variables (lignes 3 et 4) :

- x et y sont de type int et définissent les deux nombres à étudier.

- resultat est la variable de type int qui prendra la valeur de x+y ou de x*y.

- reponse est une variable de type char qui servira à enregistrer le choix effectué par l'utilisateur.

Le programme est structuré de la façon suivante :

1. **Les instructions de lecture : lignes 5 à 7**. Le programme propose trois instructions de lecture pour que l'utilisateur puisse donner les valeurs x et y et formuler son choix relatif au calcul à effectuer sur ces deux valeurs :

   - Saisie.lire_int("Donne ...") effectue la lecture du premier nombre saisi au clavier, puis du second. Les deux affectations permettent ensuite de mettre ces valeurs dans les cases mémoire x et y.

   - Saisie.lire_char("addition : tapez a, multiplication : tapez m => ") effectue la lecture du caractère saisi au clavier. Sa valeur est mise par affectation dans la variable reponse.

2. **Le traitement du problème : lignes 8 à 10**. Une instruction conditionnelle permet d'effectuer le calcul choisi par l'utilisateur selon le caractère saisi au clavier :

   - Si l'utilisateur a choisi le caractère 'a', la condition (reponse== 'a') est vraie et resultat prend pour valeur x+y.

   - Si l'utilisateur a choisi le caractère 'm', la condition précédente est fausse mais la seconde condition est vraie : (reponse=='m') vaut true et la variable resultat prend x*y pour valeur.

   - Si la variable reponse a une valeur différente de 'a' et de 'm', le programme n'effectue pas de traitement numérique. Il se contente de mettre la variable resultat à 0.

3. **L'affichage des résultats : lignes 11 et 12**. Il faut distinguer deux cas :

   – Si un calcul a été effectué, la valeur numérique de la variable resultat doit être affichée. Ce cas est décrit par la condition (reponse=='a' || reponse=='m').

   – Si aucun calcul n'a été effectué, System.out.println ("pas de resultat calcule"); affiche l'information.

Proximité de deux nombres

La seconde application propose d'étudier deux nombres entiers compris entre 0 et 100 dont la valeur est tirée au hasard. Il s'agit de déterminer si ces deux nombres sont proches l'un de l'autre selon le critère suivant : si l'écart entre les deux nombres est inférieur à un seuil, les deux nombres sont proches l'un de l'autre ; dans le cas contraire, les deux nombres ne sont pas proches l'un de l'autre.

Analyse du problème

Avant de rédiger le programme, analysons le problème.

Soient x et y les deux nombres à étudier dont les valeurs seront données par la fonction (int)(Math.random()*100). Soit seuil la variable qui permettra de décider si x et y sont proches l'un de l'autre. Sa valeur sera donnée au clavier par l'utilisateur.

Le programme sera structuré en trois parties : l'entrée des données, le traitement à effectuer et l'affichage des conclusions.

Le traitement à effectuer revient à comparer l'écart entre x et y avec la valeur de seuil. Or, la notion d'écart est une notion arithmétique. Comment la calculer ? Si x=55 et y=3, l'écart vaut 55–3, c'est-à-dire 52. Mais si x=4 et y=66, la différence 4–66 vaut –62, qui est une valeur négative. Pour former une valeur arithmétique, il faut en prendre l'opposée, c'est-à-dire la valeur absolue. L'écart entre x et y n'est donc rien d'autre que la valeur absolue de la différence x–y. Nous allons mener le calcul en introduisant une nouvelle variable diff dont la valeur sera diff=x–y.

Si diff est négative, nous effectuerons l'affectation diff=-diff; pour rendre cette valeur positive. Voici le code du programme qui découle de cette première analyse :

Listing 5.8 : `proches.java` — Proximité de deux nombres

```
 1: public class proches
 2:   {public static void main(String args[])
 3:     {int x,y,seuil,diff,resultat;
 4:      x=(int)(Math.random()*100);
 5:      y=(int)(Math.random()*100);
 6:      seuil=Saisie.lire_int("Donne la valeur du
            seuil : ");
 7:      diff=x-y;
 8:      if (diff<0) diff=-diff;
 9:      if (diff < seuil) resultat=1;
10:       else resultat=0;
11:      if (resultat==1)System.out.print("les deux
            nombres sont proches car ");
12:       else System.out.print("les deux nombres
            ne sont pas proches car ");
13:      System.out.println("x = "+x+" y = "+y+" et
            le seuil = "+seuil);
14:     }
15:   }
```

Présentation du programme

Le programme définit les variables x, y, seuil et diff comme nous l'avons indiqué lors de l'analyse précédente. Mais il ajoute une variable resultat qui servira à enregistrer le résultat du test : si les valeurs de x et de y sont proches, resultat vaudra 1. Sinon, resultat vaudra 0.

Le programme est ensuite structuré comme nous l'avons suggéré :

1. **Entrée des données : lignes 4 à 6**. x=(int)(Math.random ()*100); assure le tirage au hasard d'un nombre entier compris entre 0 et 100. La valeur est mise par affectation dans la variable x (ligne 4). Une affectation similaire permet de donner une

valeur à y (ligne 5). Puis `seuil=Saisie.lire_int("...")`; permet à l'utilisateur de donner la valeur du `seuil` (ligne 6). Supposons ici que l'utilisateur donne une valeur positive à la variable `seuil`.

2. **Le traitement à effectuer : lignes 7 à 10**. Le programme calcule la différence `diff=x-y` (ligne 7). Puis, si `diff` est négative, la valeur de `diff` est rendue positive grâce à l'affectation `diff=-diff` (ligne 8). Le programme peut décider si les deux valeurs sont proches ou non, en effectuant le test donné lignes 9 et 10 : si `diff` est inférieure à la valeur de `seuil`, les nombres sont considérés comme proches et ce résultat est enregistré en mettant 1 dans la variable `resultat` ; dans le cas contraire, la variable `resultat` vaut 0.

3. **Affichage des conclusions : lignes 11 à 13**. La variable `resultat` contient la réponse recherchée. Si (`resultat==1`) est vraie, `System.out.print("...")`; affiche que les deux nombres sont proches ; dans le cas contraire, l'instruction d'écriture indique que les deux nombres ne sont pas proches. Comme l'utilisateur ne connaît pas les valeurs de x et de y déterminées par la fonction `Math.random()*100`, une dernière instruction permet d'afficher ces valeurs ainsi que celle du seuil pour donner à l'utilisateur toutes les informations.

Le programme est structuré par trois instructions conditionnelles :

- La première est définie avec la condition (`diff<0`) et ne contient pas de branche `else...` (ligne 8).

- La deuxième est définie avec la condition (`diff<seuil`) (lignes 9 et 10).

- La troisième est écrite avec la condition (`resultat==1`) (lignes 11 et 12).

Ces trois instructions successives assurent la cohérence du programme.

Les instructions d'écriture aux lignes 11 et 12 utilisent `print` et non `println`. Nous avons supprimé `ln` de `println` car cette omission permet à l'instruction `System.out.print("les deux nombres ne sont pas proches car")` d'afficher le texte en laissant le curseur en fin de ligne sur l'écran. L'instruction d'écriture suivante peut alors placer son texte sur la même ligne.

`print("...")` laisse le curseur en fin de ligne sur l'écran, alors que `println("...")` replace le curseur au début de la ligne suivante.

Conclusion

Ces deux applications sont conçues selon le même schéma. Après avoir défini les variables, les programmes sont structurés en trois étapes : saisie des données, traitement informatique du problème et affichage des résultats. C'est dans la partie traitement et la partie affichage des résultats qu'interviennent plusieurs instructions conditionnelles.

Nous retrouverons ce schéma ainsi que l'utilisation de l'instruction conditionnelle dans les programmes des chapitres suivants.

Chapitre 6

Instruction de répétition

Au sommaire de ce chapitre

- Présentation
- Elaboration d'une instruction de répétition
- Deux autres syntaxes pour l'instruction de répétition
- Applications

Il nous reste à étudier l'instruction de répétition. Nous donnerons ici sa syntaxe en langage Java et indiquerons comment concevoir une telle instruction. Plusieurs exemples et applications nous permetteront d'apprendre à utiliser cette instruction.

Présentation

L'instruction de répétition permet d'exécuter plusieurs fois de suite le même traitement informatique. Elle est appelée aussi instruction répétitive, instruction itérative ou boucle. Comme l'instruction conditionnelle, cette instruction appartient aux structures de contrôle.

Syntaxe et exécution de l'instruction de répétition

La syntaxe de l'instruction de répétition est la suivante en Java :

```
while CONDITION BLOC_INSTRUCTIONS
```

`while` est un mot clé du langage Java qui signifie "tant que". `CONDITION` est une condition logique vraie ou fausse. `BLOC_INSTRUCTIONS` est une succession d'instructions qui définit un bloc d'instructions dont la syntaxe est `{INST_1; INST_2; INST_3; ... }`.

Un bloc d'instructions est délimité par une accolade ouvrante `{` et une accolade fermante `}`. Il est constitué d'autant d'instructions que nécessaire : `INST_1`, `INST_2`, `INST_3`, etc., chacune se terminant par un point-virgule comme c'est toujours le cas en Java. Le bloc définit ainsi une suite d'instructions indissociables qui s'exécutent successivement.

L'instruction de répétition s'exécute de la façon suivante : tant que `CONDITION` est vraie, le programme exécute les instructions du bloc d'instructions ; mais dès que `CONDITION` est fausse, le programme interrompt la répétition et passe à l'exécution de l'instruction suivante.

Lorsque `BLOC_INSTRUCTIONS` est formé d'une seule instruction, il est possible d'écrire directement : `while CONDITION INSTRUCTION;` sans mettre d'accolade.

Exemple

Voici un programme qui explicite la définition de l'instruction de répétition et son exécution.

Considérons une salle de cinéma dans laquelle il y a encore des places libres et des personnes attendant au guichet pour entrer dans la salle. Nous voulons étudier le processus d'entrée de chaque personne dans la salle lorsqu'il reste au moins une place libre et au moins une personne en attente.

Soit nbpers le nombre de personnes qui attendent au guichet, et nbpl le nombre de places libres dans la salle. Nous adoptons le raisonnement suivant :

- Tant que les valeurs de nbpers et de nbpl sont positives, il faut faire entrer une personne : la valeur de nbpers diminue alors de 1 et la valeur de nbpl de 1.

- Dès qu'il n'y a plus de personne en attente au guichet ou dès qu'il n'y a plus de place libre dans la salle, il faut arrêter le processus d'entrée d'une personne dans la salle.

Ce processus répétitif est mis en forme par une instruction de répétition while... :

Listing 6.1 : `cinema.java` — Entrées dans une salle de cinéma

```
 1: public class cinema
 2:   {public static void main(String args[])
 3:     {int nbpers,nbpl;
 4:      nbpers=Saisie.lire_int("Donne le nombre de
            personne en attente au guichet : ");
 5:      nbpl=Saisie.lire_int("Donne le nombre de
            places libres : ");
 6:      while (nbpers>0 && nbpl>0)
 7:         {nbpers=nbpers-1;
 8:          nbpl=nbpl-1;}
 9:      System.out.println("il reste "+nbpers+"
            personnes en attente et "+nbpl+" places
            libres");
10:      }
11:   }
```

Présentation du programme

Le programme déclare les deux variables nbpers et nbpl ; il permet à l'utilisateur de donner une valeur initiale au nombre de personnes en attente au guichet et une valeur initiale au nombre de places libres dans la salle (lignes 3 à 5).

Le programme propose ensuite l'instruction de répétition :

```
6:      while (nbpers>0 && nbpl>0)
7:         {nbpers=nbpers-1;
8:          nbpl=nbpl-1;}
```

Cette instruction est structurée selon la syntaxe présentée plus haut :

- `while` est le mot clé de l'instruction de répétition.
- La condition s'écrit (`nbpers>0 && nbpl>0`). Il s'agit d'une expression logique, structurée avec l'opérateur `&&` et entre parenthèses, comme celles que nous avons présentées au Chapitre 5. Elle prend la valeur `true` lorsque les deux comparaisons `nbpers>0` et `nbpl>0` sont vraies ; et la valeur `false` dès que l'une des deux comparaisons est fausse.
- Le bloc d'instructions est formé de deux affectations successives `nbpers=nbpers-1;` puis `nbpl=nbpl-1;`. Le bloc est délimité par l'accolade ouvrante et l'accolade fermante.

Le programme se termine par une instruction `System.out` `.println("...");` qui permet d'afficher le résultat final.

Le bloc de l'instruction de répétition se termine par une accolade fermante. Celle-ci n'est pas suivie d'un point-virgule car ce dernier figure uniquement à la fin de chaque instruction élémentaire, jamais à la fin d'un bloc d'instructions.

Diagramme

Il est possible de représenter le programme par un diagramme qui montre sa structure et rend compte du déroulement de son exécution (voir Figure 6.1).

Ce diagramme met en évidence le rôle de l'instruction de répétition : tant que la condition (`nbpers>0 && nbpl>0`) est vraie, le programme exécute les deux instructions du bloc d'instructions. Le chemin parcouru lors de l'exécution ressemble alors à une boucle, comme le suggère le schéma. Mais dès que la condition est fausse, le programme met fin à la répétition et exécute l'instruction suivante.

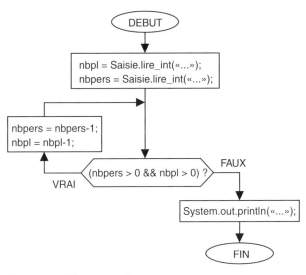

Figure 6.1 : Diagramme du programme.

Exécution du programme

Examinons l'exécution de ce programme en prenant deux exemples :

Supposons que nbpers=5 et que nbpl=3. Dans ce cas, l'instruction de répétition while... est exécutée trois fois :

- La condition (nbpers>0 && nbpl>0) est vraie et les instructions du bloc d'instructions sont exécutées une première fois : nbpers vaut alors 4 et nbpl vaut 2.

- Le système examine à nouveau la condition pour déterminer si elle est encore vraie. C'est le cas, et le programme exécute une nouvelle fois les deux instructions du bloc : nbpers vaut maintenant 3 et nbpl 1.

- Le système réexamine la condition. Elle est toujours vraie. Le programme exécute une nouvelle fois les deux instructions du bloc : nbpers vaut 2 et nbpl vaut 0.

Puis, comme précédemment, le système examine la valeur de la condition. Elle est maintenant fausse puisque nbpl>0 est fausse : le système met fin à l'exécution de l'instruction de répétition et exécute l'instruction suivante. L'affichage se fait grâce à l'instruction d'écriture System.out.println("...").

Supposons maintenant que nbpers=17 et que nbpl=2. L'instruction while... est exécutée deux fois :

- La condition (nbpers>0 && nbpl>0) est vraie, nbpers vaut maintenant 16 et nbpl vaut 1.
- La condition (nbpers>0) est examinée à nouveau. Elle est encore vraie et nbpers vaut maintenant 15 et nbpl 0.

Le système examine encore une fois la condition. Comme nbpl vaut 0, la condition est devenue fausse et le système interrompt l'exécution de l'instruction répétitive pour exécuter l'instruction suivante qui affiche alors le résultat.

Le programme est donc structuré par une instruction répétitive dont le nombre d'exécutions dépend des valeurs respectives de nbpers et de nbpl : nous avons ainsi un nombre variable d'exécutions selon les cas. Mais il existe d'autres situations où le nombre d'exécutions de l'instruction répétitive est constant et connu *a priori*.

La notion de bloc d'instructions est une notion générale de la programmation. Elle est utilisée pour définir une succession d'instructions à exécuter plusieurs fois grâce à une instruction de répétition. Mais elle peut aussi intervenir dans une instruction conditionnelle, par exemple :

- **if CONDITION INSTRUCTION N°1;**
- **else BLOC_INSTRUCTIONS**

> Dans cette formulation, le bloc d'instructions remplace l'instruction n°2. C'est possible car un bloc d'instructions regroupe plusieurs instructions de façon indissociable. La suite des instructions du bloc forme alors une instruction unique.

Elaboration d'une instruction de répétition

L'exemple précédent nous a permis d'étudier l'exécution d'une instruction de répétition. Examinons maintenant la conception d'une instruction de répétition en prenant un exemple.

Considérons le problème suivant : nous voulons élaborer un programme qui, lors de son exécution, permet à l'utilisateur de donner cinq nombres et d'en faire la somme au fur et à mesure.

Analyse du problème

Nous pourrions définir le programme avec cinq variables x1, x2, x3, x4 et x5, et faire la somme de ces cinq valeurs. Mais nous voulons résoudre le problème avec le minimum de variables, en structurant la solution avec une instruction de répétition.

Supposons que nous ayons une seule variable x qui prenne successivement comme valeurs 5, 7, 8, 3 et 6. Pour obtenir la somme qui vaut 29, nous pouvons considérer une variable som et effectuer les actions suivantes, après avoir donné à som la valeur initiale 0 :

1. Ajouter le premier nombre 5 à la valeur de som : som vaut maintenant 5+0, c'est-à-dire 5 ;

2. Ajouter le deuxième nombre 7 à la valeur de som : som vaut 5+7, c'est-à-dire 12 ;

3. Ajouter le troisième nombre 8 à la valeur de som : som vaut 12+8, c'est-à-dire 20 ;

4. Ajouter le quatrième nombre 3 à la valeur de som : som vaut 20+3, c'est-à-dire 23 ;

5. Ajouter le cinquième nombre 6 à la valeur de som : som vaut alors 23+6, c'est-à-dire 29.

Nous avons obtenu la somme totale recherchée en exécutant cinq fois de suite une affectation qui met à jour la valeur de la variable som en y ajoutant, à chaque fois, la nouvelle valeur du nombre. Si x est la variable qui enregistre la valeur de chaque nombre, cette affectation s'écrit som=som+x;. Mais pour que x prenne chaque valeur donnée par l'utilisateur, il faut introduire une instruction de lecture. Les deux instructions à répéter cinq fois de suite sont donc les suivantes :

```
x=Saisie.lire_int("Donne un nombre entier : ");
som=som+x;
```

Comment répéter cinq fois ces deux instructions ? En structurant le programme avec while... et en introduisant une variable supplémentaire i de type int qui sert à compter le nombre de répétitions. Nous obtenons le code suivant :

```
som=0;
i=1;
while (i<=5)
    {x=Saisie.lire_int("Donne un nombre entier : ");
     som=som+x;
     i=i+1;}
```

Exécution du code

L'exécution de l'instruction de répétition se fait de la manière suivante : tant que (i<=5) est vraie, le système exécute successivement les trois instructions du bloc d'instructions. Dès que (i<=5) est fausse, le système arrête la répétition et exécute l'instruction suivante. D'où ce déroulement lorsque les valeurs saisies au clavier sont 5, 7, 8, 3 et 6 et que la valeur initiale de som vaut 0 :

1. i vaut 1, la condition (i<=5) est vraie, le bloc est exécuté une première fois : suite à la saisie de la valeur au clavier, x prend la valeur 5, puis som vaut 5, puis i vaut 2.

2. La condition (i<=5) est vraie : x prend la valeur 7, puis som vaut 12, puis i vaut 3.

3. La condition (i<=5) est vraie : x prend la valeur 8, puis som vaut 20, puis i vaut 4.

4. La condition (i<=5) est vraie : x prend la valeur 3, puis som vaut 23, puis i vaut 5.

5. La condition (i<=5) est toujours vraie : x prend la valeur 6, puis som vaut 29, puis i vaut 6.

La condition (i<=5) est maintenant fausse puisque i vaut 6 : la répétition arrête son exécution.

Nous obtenons la valeur 29, qui est le résultat recherché dans la variable som.

Rôle de la variable *i*

Nous avons introduit une variable i de la manière suivante :

```
i=1;
while (i<=5)
    {…
     …
     i=i+1;}
```

i est initialisée à 1. Puis i augmente de 1 après chaque exécution des instructions du bloc. Lorsque i atteint la valeur 6, la condition devient fausse. Dans ces conditions, le bloc est exécuté pour les valeurs de i allant de 1 à 5, c'est-à-dire cinq fois.

Mais nous aurions pu introduire i de la façon suivante :

```
i=0;
while (i<=4)
    {…
     …
     i=i+1;}
```

en initialisant i à 0 et en définissant la condition par l'inégalité i<=4. En effet, pour i allant de 0 à 4, cinq valeurs de i satisfont la condition (i<=4) et l'instruction de répétition s'exécute cinq fois, comme dans le cas précédent. Considérer les valeurs entières de i de 1 à 5 ou de 0 à 4 revient au même car elles permettent d'exécuter cinq fois le bloc d'instructions.

i joue donc un rôle particulier : cette variable sert à compter le nombre de répétitions ; il convient de définir correctement ses valeurs pour obtenir le nombre de répétitions recherché.

Présentation du programme

Nous pouvons maintenant donner le texte du programme.

Listing 6.2 : som5nbs.java — La somme de cinq nombres avec while...

```
 1: public class som5nbs
 2:   {public static void main(String args[])
 3:     {int x,som,i;
 4:      som=0;
 5:      i=1;
 6:      while (i<=5)
 7:         {x=Saisie.lire_int("Donne un nombre
            entier : ");
 8:          som=som+x;
 9:          i=i+1;}
10:      System.out.println("Somme = "+som);
11:     }
12:   }
```

Le programme définit les variables x, som et i comme étant de type int (ligne 3). Puis il fait précéder l'instruction de répétition des affectations nécessaires à sa bonne gestion (lignes 4 et 5) :

• som=0; affecte la valeur initiale 0 à som. Cette valeur est indispensable pour bien calculer la somme des nombres.

• i=1; donne la valeur initiale 1 à i. Cette affectation est suivie par la formulation de la condition (i<=5) et par l'instruction i=i+1; qui assurent une bonne gestion des valeurs de i.

L'instruction de répétition est donnée aux lignes 6 à 9. Enfin, l'instruction System.out.println("..."); permet d'afficher le résultat.

L'instruction de répétition est exécutée cinq fois. A chaque tour, le programme exécute les trois instructions du bloc d'instructions : d'abord x=Saisie.lire_int("Donne un nombre entier : "); qui permet à l'utilisateur de donner le nombre de son choix, puis l'affectation som=som+x; enfin i=i+1; qui permet d'augmenter la valeur de i pour compter les répétitions.

 Notez les trois jeux d'accolades qui structurent le programme :
- **Lignes 2 et 12 : les deux accolades encadrent le contenu du programme.**
- **Lignes 3 et 11 : les deux accolades délimitent le code de la fonction main(...).**
- **Lignes 7 et 9 : les deux accolades délimitent le bloc d'instructions de la répétition while...**

Deux autres syntaxes pour l'instruction de répétition

Nous avons présenté l'instruction de répétition en la définissant avec while... de la façon suivante :

```
while CONDITION BLOC_INSTRUCTIONS
```

Il s'agit en réalité de la première syntaxe car le langage Java, comme la plupart des langages de programmation, propose deux autres syntaxes :

- do BLOC_INSTRUCTIONS while CONDITION;

- for(…) BLOC_INSTRUCTIONS

Nous présentons maintenant les deuxième et troisième syntaxes.

La deuxième syntaxe *do… while…*

La deuxième syntaxe de l'instruction de répétition est structurée par les mots clés do et while :

```
do BLOC_INSTRUCTIONS while CONDITION;
```

L'exécution de l'instruction de répétition ainsi formulée conduit à exécuter une première fois les instructions du bloc d'instructions, puis à vérifier si la condition est vraie ou non. Tant que la condition est vraie, le bloc est exécuté à nouveau ; mais dès que la condition est fausse, le programme interrompt la répétition et passe à l'exécution de l'instruction suivante.

L'exécution ressemble donc à l'exécution de l'instruction de répétition formulée avec while... Mais ici, la vérification de la valeur de la condition se fait après l'exécution du bloc et non avant. Dans ces conditions, le bloc d'instructions est toujours exécuté au moins une fois. Vous avez noté aussi que l'instruction do...while... se terminait par un point-virgule, situé juste après la condition.

 Cette deuxième formulation est propre au langage Java. Il ne faut pas confondre cette définition avec la définition donnée par d'autres langages qui signifie "REPETER l'exécution du bloc d'instructions JUSQU'A ce que la condition soit vraie".

Exemple

Reprenons l'exemple précédent qui permet à l'utilisateur de faire la somme de cinq nombres et reformulons-le avec l'instruction do...while... :

Listing 6.3 : **som5nbs2.java** — La somme de cinq nombres avec **do...while...**

```
1: public class som5nbs2
2:   {public static void main(String args[])
3:     {int x,som,i;
4:      som=0;
5:      i=1;
6:      do {x=Saisie.lire_int("Donne un nombre
         entier : ");
7:          som=som+x;
8:          i=i+1;}
9:      while (i<=5);
```

```
10:        System.out.println("Somme = "+som);
11:    }
12: }
```

Ce programme reprend les termes du programme précédent. L'instruction de répétition s'écrit maintenant :

```
6:        do {x=Saisie.lire_int("Donne un nombre
          entier : ");
7:            som=som+x;
8:            i=i+1;}
9:        while (i<=5);
```

L'instruction do...while... implique le même bloc d'instructions que celui de la version précédente et la même condition.

Lors de son exécution, le programme initialise les variables som et i (lignes 4 et 5) puis exécute cinq fois de suite le bloc d'instructions. Il le fait en commençant par exécuter une première fois le bloc, puis en vérifiant la valeur de la condition. Comme i vaut 2, la condition est vraie, et le programme exécute à nouveau le bloc d'instructions. Il le fait jusqu'à ce que la variable i prenne la valeur 6, après la cinquième exécution du bloc.

La seule différence par rapport à l'exécution du programme précédent est que la première exécution du bloc d'instructions est effectuée avant la vérification de la valeur logique de la condition, non après. Nous verrons plus loin des exemples et applications qui précisent l'utilisation de l'instruction do...while... (voir Listing 6.6).

La troisième syntaxe *for (…)* …

La troisième syntaxe de l'instruction de répétition est définie par la structure :

```
for(…) BLOC_INSTRUCTIONS
```

Elle formule une instruction de répétition dont l'exécution est identique à celle de l'instruction while... mais s'applique uniquement au cas où le nombre de répétitions est connu avant que l'exécution de l'instruction ne débute.

Un exemple va nous permettre de préciser comment s'écrit et s'exécute l'instruction for(...)... Nous reprenons encore une fois l'exemple précédent qui permet à un utilisateur de faire la somme de cinq nombres. Voici la nouvelle version :

Listing 6.4 : `som5nbs3.java` — La somme de cinq nombres avec `for(...)...`

```
 1: public class som5nbs3
 2:   {public static void main(String args[])
 3:     {int x,som,i;
 4:      som=0;
 5:      for(i=1; i<=5; i++)
 6:         {x=Saisie.lire_int("Donne un nombre
            entier : ");
 7:          som=som+x;}
 8:      System.out.println("Somme = "+som);
 9:      }
10:    }
```

Présentation de la syntaxe

L'instruction de répétition for(...)... propose un bloc d'instructions à répéter plusieurs fois. Il s'agit ici du bloc donné aux lignes 6 et 7 :

```
 6:         {x=Saisie.lire_int("Donne un nombre
            entier : ");
 7:          som=som+x;}
```

Ce bloc ne contient pas la variable i qui sert à compter le nombre de répétitions car la définition avec for(...)... modifie la syntaxe concernant cette variable. i intervient maintenant par la formulation (i=1; i<=5; i++) qui suit le mot clé for. Cette formulation, très particulière, reprend la syntaxe du langage C qui a servi à définir la syntaxe du langage Java. Les trois termes de l'expression sont les suivants :

- i=1;.Cette affectation intervient avant l'exécution de l'instruction définie par for(...)... Il s'agit de la valeur initiale de i, comme cela avait été fait dans les versions précédentes.

- `i<=5;`. Il s'agit de la condition de l'instruction de répétition. Elle prend la valeur `true` ou `false` selon les valeurs de `i`. Si elle a pour valeur `true`, le programme exécute les instructions du bloc d'instructions ; sinon, le programme n'exécute pas les instructions du bloc d'instructions et passe à l'exécution de l'instruction qui suit l'instruction de répétition.

- `i++`. Cette instruction signifie en réalité `i=i+1;`. Elle utilise un opérateur `++` qui agit exactement comme le fait l'affectation `i=i+1;`. Cette forme d'écriture provient du langage C. Nous l'employons ici pour rester fidèles aux habitudes concernant l'écriture de l'instruction `for(...)...` Cette affectation intervient dès que le programme a exécuté le bloc d'instructions.

Malgré une syntaxe très différente, l'instruction de répétition s'exécute comme l'instruction formulée avec `while...` car la variable `i` joue le même rôle.

Les trois instructions qui concernent la variable `i` figurent dans l'expression entre parenthèses : `i=1;` pour l'initialisation ; `i<=5;` pour la condition ; et `i++` pour augmenter `i` de 1. Comme cette dernière instruction signifie `i=i+1;`, il ne faut pas la faire figurer à nouveau dans le bloc d'instructions.

Le rôle de la variable *i*

L'instruction de répétition s'exécute alors en fonction des valeurs de `i` : tant que la condition (`i<=5`) est vraie, le programme exécute les instructions du bloc d'instructions. Mais dès que `i` dépasse la valeur 5, la condition devient fausse et le programme arrête l'exécution de l'instruction `for(...)...` Comme `i` ne peut prendre que les valeurs 1, 2, 3, 4, 5 puis 6, la condition reste vraie pour les valeurs de `i` allant de 1 à 5, et la répétition est exécutée cinq fois. C'est pourquoi cette instruction peut se lire "pour toutes les valeurs de `i` allant de 1 à 5, exécuter les instructions du bloc d'instructions".

De façon plus générale, l'instruction for(...)... est conçue pour définir le nombre de répétitions désiré à partir de la valeur des deux bornes de l'intervalle, ces bornes devant être des valeurs constantes connues dès le début de l'exécution de l'instruction.

Ainsi, par exemple, si l'on définit la répétition for(...)... avec n=100; de la façon suivante :

```
n=100;
for(i=1; i<=n; i++) …
```

l'instruction for(...)... s'exécutera cent fois.

Et si l'instruction for(...)... est définie par :

```
n=2;
p=15;
for(i=n; i<=p; i++) …
```

elle s'exécutera quatorze fois car de i=2 à i=15, quatorze valeurs de i rendent la condition vraie.

Le choix de la syntaxe

Pour choisir la syntaxe, considérez les cas suivants :

- Lorsque le nombre de répétitions est constant et connu, retenez la troisième syntaxe **for(...)...** car elle est plus concise que les deux autres.

- Lorsque le nombre de répétitions peut varier au cours de l'exécution même de l'instruction de répétition, utilisez while... ou do... while... Il est indispensable de choisir la première syntaxe while... lorsque la valeur de la condition doit être vérifiée avant la première exécution du bloc d'instructions, et de choisir la deuxième syntaxe do...while... lorsque le bloc doit être exécuté une première fois avant que la valeur logique de la condition soit vérifiée.

Applications

Nous présentons deux applications pour préciser la conception et l'utilisation des instructions de répétition.

Calcul de la factorielle n!

La première application consiste à calculer n!.

Rappelons que 3!=1*2*3 et 4!=1*2*3*4. De façon générale, n!=(n–1)!*n. Comment calculer n! en utilisant un programme informatique ?

Analyse du problème

Pour calculer 4! à partir de 3!, il suffit de multiplier ce dernier résultat par 4 puisque 4!=1*2*3*4=3!*4. Et si nous voulons calculer 5! à partir de 4!, il suffit d'écrire 5!=1*2*3*4*5=4!*5. Or, les deux calculs 4!=3!*4 et 5!=4!*5 présentent la même structure. Pour calculer le nouveau terme, il suffit de multiplier l'ancienne valeur par un nombre.

Traduisons ce premier raisonnement informatiquement. Soit i une variable dans laquelle nous placerons les valeurs successives 1, 2, 3, 4, 5, 6, et facto une variable dans laquelle nous mettrons la valeur d'une factorielle. Supposons que i=3. Comme 3! vaut 6, plaçons ce résultat 6 dans la variable facto.

Comment calculer la factorielle suivante, c'est-à-dire 4! ? Il suffit d'augmenter i de 1 et de placer 4 dans cette variable, puis d'effectuer facto=facto*i;. En effet, le calcul de facto*i donne 6*4, c'est-à-dire 24, puis par affectation, facto vaut maintenant 24, la valeur de 4!.

Si nous augmentons à nouveau i de la valeur 1 pour obtenir i=5, et effectuons à nouveau facto=facto*i;, nous obtiendrons 24*5 comme nouvelle valeur de facto, c'est-à-dire 120 qui est la valeur de 5!. Nous avons ainsi calculé la factorielle suivante. Il suffit de répéter ce traitement autant de fois que nécessaire pour obtenir la factorielle recherchée.

Pour calculer n!, il faut répéter n fois l'affectation facto=facto*i; en augmentant i de 1 à chaque fois. Nous choisissons de formuler la répétition avec for(...)... car nous connaissons *a priori* le nombre de répétitions à effectuer et écrivons :

```
6:      for(i=1; i<=n; i++)
7:          facto=facto*i;
```

Voici maintenant le code du programme :

Listing 6.5 : `calcul_facto.java` — Calcul de la factorielle n!

```
1: public class calcul_facto
2:    {public static void main(String args[])
3:      {int n,facto,i;
4:       n=Saisie.lire_int("Donne un nombre
         entier : ");
5:       facto=1;
6:       for(i=1; i<=n; i++)
7:          facto=facto*i;
8:       System.out.println("factorielle de "+n+"
         vaut "+facto);
9:      }
10:   }
```

Présentation du programme

Le programme est construit avec les trois variables n, facto et i : n sert à enregistrer le nombre dont il faut calculer la factorielle, facto à mémoriser les valeurs successives des factorielles, et i permet de compter le nombre de répétitions.

La répétition est formulée comme nous l'avons indiqué :

```
6:      for(i=1; i<=n; i++)
7:          facto=facto*i;
```

Le traitement informatique se fera donc pour i allant de 1 à n, le bloc d'instructions à répéter étant défini ici par l'instruction facto=facto*i;.

Le bloc d'instructions contient une seule instruction `facto=facto*i;`. C'est pourquoi nous ne l'avons pas placée entre deux accolades. Mais pour qu'elle apparaisse comme exécutée par l'instruction `for(...)...`, nous avons introduit un décalage au début de la ligne 7 par rapport à la ligne précédente.

Pour que l'exécution se déroule correctement, nous devons introduire des valeurs initiales pour les variables i, n et `facto` qui interviennent dans la répétition :

- **La variable i**. Comme elle est déjà initialisée dans `for(...)...` par i=1, nous n'avons rien à ajouter.

- **La variable n**. Elle doit être initialisée au début du programme par n=Saisie.lire_int("Donne un nombre entier : "); (ligne 4).

- **La variable `facto`**. Il faut lui donner la valeur initiale qui convient. Si nous mettons facto=0;, facto restera à 0 lors de l'exécution de facto=facto*i;. Cette initialisation ne convient pas. Par contre, si nous mettons facto=1;, facto prendra les valeurs 1, 2, 6, etc., et le calcul se fera correctement (ligne 5).

A la ligne 8, le programme permet l'affichage du résultat.

Exécution du programme

L'utilisateur donne une valeur pour n. Cette valeur est reprise dans l'instruction `for(...)...` qui assure, pour chaque valeur de i allant de 1 à n, le traitement facto=facto*i;. Le calcul de facto se répète n fois pour donner le résultat attendu.

 Lorsque n, variable de type `int`, est inférieure ou égale à 12, le calcul se fait correctement. Mais dès que n prend la valeur 13, le résultat est faux. En effet, 13! vaut 6 227 020 800, valeur qui dépasse les capacités de représentation d'une variable de type `int`. Si vous voulez étudier des valeurs de n supérieures à 12, il faut prendre `long` ou `double` comme types.

Démarche

La démarche que nous avons adoptée est la suivante :

1. **Etudier le traitement à répéter plusieurs fois.** Il faut formuler le problème avec des variables et prendre des exemples afin de mettre en évidence ce qu'il convient de répéter à chaque fois. Lorsque les instructions à répéter sont bien formulées, il faut choisir une syntaxe pour écrire correctement la répétition. Dans cet exemple, nous avons choisi la syntaxe `for(...)...`

2. **Etudier l'initialisation des variables.** Les variables sont à initialiser après que l'instruction de répétition a été bien écrite car les valeurs à introduire dépendent de la formulation exacte de la répétition. Dans cette application, nous avons donné 1 comme valeur initiale à `facto` pour que le calcul soit juste.

3. **Formuler les instructions de sorties d'information.** Employez `System.out.println(...);` pour que l'utilisateur soit informé des résultats du calcul.

Nous reprendrons cette démarche dans l'étude de la seconde application.

Lancer un dé jusqu'à obtenir un 6

La seconde application simule un lancer de dé plusieurs fois de suite. Nous voulons répondre à la question suivante : combien de fois faut-il lancer un dé pour obtenir un 6 ?

Analyse du problème

Pour simuler un lancer de dé, nous utiliserons la fonction `Math.random()*6`. En effet, `Math.random()` donne un nombre au hasard compris entre 0 et 1 (bornes exclues). En le multipliant par 6, on obtient un nombre au hasard compris entre 0 et 6 (bornes exclues). Si l'on en considère la valeur entière par `(int)`, le nombre obtenu est un entier compris entre 0 et 5 (bornes comprises). Il suffit alors d'ajouter 1 pour aboutir à une valeur entière allant de 1 à 6.

En conséquence, nous utiliserons l'expression `1+(int)(Math.random()*6)` pour simuler un lancer de dé et enregistrerons le résultat dans une variable appelée x en effectuant :

```
x=1+(int)(Math.random()*6);
```

Cette écriture un peu complexe permet de simuler un lancer de dé en une seule instruction. Notez toutes les parenthèses pour éviter de commettre des erreurs.

Comment insérer cette instruction dans un programme ? Reprenons la démarche précédente :

Etude de la répétition. Nous voulons lancer un dé tant que le résultat est différent de 6. Il faut donc effectuer l'affectation `x=1+(int)(Math.random()*6);` tant que la valeur de x est différente de 6. Comme cette vérification doit intervenir après chaque tirage au hasard (et non avant), nous utiliserons la syntaxe `do...while...` pour structurer la répétition. Celle-ci s'écrira :

```
do {x= 1+(int)(Math.random()*6);}
while(x!=6);
```

en formulant la condition avec `!=` car cet opérateur logique signifie "différent".

Mais le problème est de savoir combien de lancers effectuer pour obtenir 6 en résultat. Il faut introduire une variable comme nb pour compter le nombre de tirages au hasard. Pour que le compte soit fait correctement, il suffit d'ajouter +1 à nb chaque fois qu'un tirage est effectué. Nous devons donc insérer `nb=nb+1;` dans un bloc d'instructions à répéter. La répétition s'écrira :

```
do {x= 1+(int)(Math.random()*6);
    nb=nb+1;}
while(x!=6);
```

Initialisation des variables. Nous pouvons maintenant écrire le programme en procédant aux initialisations nécessaires : la variable x prend sa valeur lors de chaque exécution du bloc, il n'y a donc pas d'initialisation à faire ; par contre, nb doit être initialisée à 0.

Sortie des informations. Enfin, il convient de procéder à l'affichage du résultat en introduisant l'instruction d'écriture `System.out` `.println(nb);`.

Présentation du programme

Voici le code du programme :

Listing 6.6 : `de6.java` — Lancer un dé jusqu'à obtenir un 6

```
 1: public class de6
 2:   {public static void main(String args[])
 3:     {int x,nb;
 4:      nb=0;
 5:      do {x= 1+(int)(Math.random()*6);
 6:          System.out.println(x);
 7:          nb=nb+1;}
 8:      while(x!=6);
 9:      System.out.println("il a fallu "+nb+"
          lancers de dés pour obtenir un 6");
10:     }
11:   }
```

Le code correspond à l'analyse précédente :

- **Ligne 3**. Les variables x et nb sont déclarées comme des variables de type int.

- **Ligne 4**. La variable nb est initialisée à 0.

- **Lignes 5 à 8**. La répétition do...while... est écrite selon l'analyse précédente. Mais nous avons ajouté une troisième instruction pour informer l'utilisateur du résultat de chaque tirage au hasard. D'où la formulation :

```
 5:      do {x= 1+(int)(Math.random()*6);
 6:          System.out.println(x);
 7:          nb=nb+1;}
 8:      while(x!=6);
```

- **Ligne 10**. Enfin, System.out.println(...); donne à l'utilisateur la valeur du nombre de tirages nécessaires pour obtenir un 6.

Exécution du programme

L'exécution du programme se fait selon l'analyse que nous avons développée. nb est initialisée à 0. Puis un premier tirage au hasard est effectué. Le résultat obtenu est placé dans la variable x et nb vaut maintenant 1. Le programme examine alors la valeur logique de la condition : la valeur de x est-elle différente de 6 ? Deux cas se présentent :

- Si le nombre qui vient d'être tiré est 6, la condition (x != 6) est fausse, et le programme arrête l'exécution de do...while...

- Si le nombre qui vient d'être tiré est différent de 6, la condition (x != 6) est vraie, et le programme continue l'exécution de do... while... en exécutant une nouvelle fois les instructions du bloc d'instructions. Puis à nouveau, il examine la condition (x != 6). Si elle est fausse, la répétition est arrêtée ; si elle est vraie, le processus de répétition continue.

Nous obtenons ainsi un programme qui exécute un nombre variable de tirages au hasard et termine son exécution lorsque la condition (x != 6) est fausse, c'est-à-dire lorsqu'un 6 a été obtenu. Il affiche alors la valeur du nombre de lancers de dé.

Conclusion

Nous vous conseillons de suivre la démarche présentée ici : étude du traitement à répéter plusieurs fois, formulation de l'instruction de répétition, initialisation des variables et formulation des instructions de sortie d'information.

Nous attirons votre attention sur l'importance de l'initialisation. Pour ne pas commettre d'erreur, il est préférable de définir les valeurs initiales après que l'instruction de répétition a été bien formulée car l'initialisation varie en fonction de la formulation du traitement informatique à répéter plusieurs fois.

De plus, nous rappelons que l'initialisation doit figurer avant l'instruction de répétition, et non dans le bloc d'instructions à répéter.

Nous resterons fidèles à cette démarche d'élaboration des programmes au cours des chapitres suivants.

Chapitre 7

Répétitions et instructions conditionnelles

Au sommaire de ce chapitre

- Répétition suivie d'une instruction conditionnelle
- Répétition avec une instruction conditionnelle
- Applications

Nous avons présenté dans les chapitres précédents les cinq instructions qui permettent de concevoir des programmes : l'instruction d'affectation, les instructions de lecture et d'écriture, l'instruction conditionnelle et l'instruction de répétition. Nous avons étudié chacune d'entre elles séparément et isolé l'utilisation de l'instruction de répétition et celle de l'instruction conditionnelle. Pourtant, ces deux instructions doivent souvent être employées dans un même programme. Ce chapitre est consacré à l'étude de ce problème.

Examinons d'abord deux cas typiques :

- L'instruction de répétition est suivie d'une instruction conditionnelle.

- Le bloc d'instructions de l'instruction de répétition comprend une
  instruction conditionnelle.

A partir de ces deux cas, nous étudions le cas général où une
instruction conditionnelle fait partie du bloc d'instructions à répéter
plusieurs fois, et où une autre instruction conditionnelle figure après
l'instruction de répétition. Nous présentons plusieurs applications
qui s'inscrivent dans ce cadre.

Répétition suivie d'une instruction conditionnelle

Dans le premier cas, l'instruction de répétition est suivie d'une
instruction conditionnelle. Si l'instruction de répétition est
for(...)..., la structure du programme est la suivante :

```
{…
for(…)BLOC_INSTRUCTIONS
if CONDITION INSTRUCTION N°1;
else INSTRUCTION N°2;
…
}
```

Etudions maintenant un exemple.

Etude d'un jeu

Considérons le jeu suivant. Vous effectuez dix tirages au hasard
de nombres entiers où chaque nombre est compris entre 0 et 99.
Si la somme des nombres est supérieure à 550, vous avez gagné.
Sinon, vous avez perdu.

Comment concevoir le programme qui simule ce jeu ?

Analyse du problème

Soit x la variable qui enregistre la valeur de chaque tirage au hasard. Pour obtenir une valeur entière comprise entre 0 et 99, il suffit d'écrire l'affectation suivante :

```
x =(int)(Math.random()*100);
```

Le jeu consiste à faire dix tirages au hasard. Il faut donc répéter dix fois l'exécution de l'instruction d'affectation précédente. A chaque fois, une nouvelle valeur est mise dans x. Mais dès qu'une nouvelle valeur est donnée à x, il faut l'ajouter à la somme des nombres tirés au hasard puisqu'il s'agit de calculer la somme de ces nombres. Si som est cette somme, il faut donc répéter dix fois les deux instructions :

```
{x =(int)(Math.random()*100);
 som=som+x;}
```

Pour mettre en forme l'instruction de répétition, nous choisissons for(...)... puisque le nombre de répétitions est connu et vaut 10, puis nous initialisons som à 0. La formulation est donc la suivante :

```
som=0;
for(i=1; i<=10; i++)
  {x =(int)(Math.random()*100);
   som=som+x;}
```

Nous pouvons vérifier que l'instruction est écrite correctement. Supposons qu'il n'y ait que trois valeurs de x : 5, 44 et 7 et exécutons for(...)... trois fois. Lorsque le bloc d'instructions est exécuté la première fois, som prend la valeur 0+5, c'est-à-dire 5 ; lors de la deuxième exécution, la valeur de la variable som est modifiée et vaut 5+44, c'est-à-dire 49 ; enfin, lors de la troisième exécution, som prend la valeur 49+7 et vaut 56. Ce résultat est le résultat attendu ; cela indique que la formulation de la répétition est correcte.

Au terme de l'exécution de l'instruction de répétition, la variable som contient donc la somme des nombres. Il faut ensuite introduire dans le programme une instruction portant sur la condition (som>550), pour indiquer à l'utilisateur s'il a gagné ou perdu. Voici cette instruction :

```
if (som>550)System.out.println("Bravo, vous avez
gagné");
else System.out.println("Vous avez perdu");
```

 La solution proposée considère une seule variable x dans laquelle est mise chaque valeur tirée au hasard. Nous aurions pu procéder différemment en plaçant les dix valeurs côte à côte dans un tableau de nombres. Mais nous ne pouvons procéder ainsi car nous présentons la notion de tableau au Chapitre 8.

Présentation du programme

Voici le texte du programme qui correspond à cette analyse :

Listing 7.1 : somsup550.java — La somme des nombres > 550 ?

```
 1: public class somsup550
 2:   {public static void main(String args[])
 3:     {int x,som,i;
 4:      som=0;
 5:      for (i=1; i<=10; i++)
 6:         {x=(int) (Math.random()*100);
 7:          som=som+x;}
 8:      if (som>550)System.out.print("Bravo, vous
         avez gagné car ");
 9:      else System.out.print("Vous avez perdu
         car ");
10:      System.out.println("la somme des nombres
         vaut "+som);
11:     }
12:   }
```

Ce texte correspond à l'analyse que nous venons de présenter : l'instruction `for(...)...` est suivie d'une instruction conditionnelle `if... else...`

Lors de son exécution, le programme permet de simuler le tirage de dix nombres au hasard et d'en faire la somme. Si la condition (`som>550`) est vraie, il affiche un message ; dans le cas contraire, il affiche un autre message. Le seul ajout que nous avons fait par rapport à l'analyse concerne la fin du programme où nous avons introduit une instruction d'écriture donnant à l'utilisateur la somme des nombres (ligne 10).

Répétition avec une instruction conditionnelle

Le deuxième cas typique correspond au cas où une instruction conditionnelle figure dans le bloc d'instructions à répéter plusieurs fois. Si l'instruction de répétition est formulée avec `for(...)...`, la structure du programme est la suivante :

```
{…
for(…){…
        …
        if CONDITION INSTRUCTION N°1;
        else INSTRUCTION N°2;
        …
    }
…
}
```

Voici deux exemples qui correspondent à ce cas.

Calcul du nombre de voyelles parmi dix caractères

Le premier exemple est le suivant : écrire un programme qui permet à l'utilisateur de donner dix caractères de son choix et calcule au fur et à mesure le nombre de voyelles.

Analyse du problème

Nous souhaitons que chaque caractère saisi au clavier par l'utilisateur soit réceptionné dans une seule case mémoire appelée lettre. Il faut donc déclarer une variable lettre de type char et exécuter dix fois de suite l'instruction lettre=Saisie.lire_char("Donne une lettre : "). Comme nous devons déterminer si chaque valeur de la variable lettre est ou non une voyelle, il faut examiner si cette propriété est vraie après chaque saisie d'un caractère au clavier. Si tel est le cas, le nombre de voyelles doit être augmenté de 1. Ainsi, nous mettons au point une répétition qui se présente de la façon suivante :

```
for (i=1; i<=10; i++)
   {lettre=Saisie.lire_char("donne une lettre : ");
    si lettre est une voyelle, alors augmenter le
    nombre de voyelles de 1}
```

Pour déterminer si le contenu de la variable lettre est une voyelle, il faut examiner si la valeur de lettre est un caractère 'a', 'e', 'i', 'o', 'u' ou 'y'. Il suffit d'écrire alors la condition suivante en utilisant les opérateurs == et || :

```
   (lettre=='a'||lettre=='e'||lettre=='i'
||lettre=='o'||lettre=='u'||lettre=='y')
```

Il faut ensuite mettre en forme l'instruction "alors augmenter le nombre de voyelles de 1". Soit nbvoy la variable qui décrit le nombre de voyelles. L'instruction s'écrit alors nbvoy=nbvoy+1;.

La formulation définitive de la répétition est donc la suivante :

```
for (i=1; i<=10; i++)
   {lettre=Saisie.lire_char("donne une lettre : ");
    if (lettre=='a'||lettre=='e'||lettre=='i'
       ||lettre=='o'||lettre=='u'||lettre=='y')
       nbvoy=nbvoy+1;}
```

Mais pour que le calcul se déroule correctement, nous devons faire précéder cette instruction de l'initialisation de nbvoy en introduisant l'affectation nbvoy=0;.

Il ne reste plus qu'à introduire `System.out.println(nbvoy);` à la fin du programme pour afficher la valeur finale de `nbvoy`.

Présentation du programme

Cette analyse conduit à rédiger le texte suivant :

Listing 7.2 : `nbvoyelles.java` — Le nombre de voyelles parmi dix caractères

```
1: public class nbvoyelles
2:   {public static void main(String args[])
3:     {char lettre;
4:      int i,nbvoy;
5:      nbvoy=0;
6:      for (i=1; i<=10; i++)
7:         {lettre=Saisie.lire_char("donne une
            lettre : ");
8:          if (lettre=='a'||lettre=='e'||lettre=='i'
9:             ||lettre=='o'||lettre=='u'||lettre=='y')
              nbvoy=nbvoy+1;}
10:      System.out.println("nb de voyelles = "+nbvoy);
11:    }
12:  }
```

Le programme reprend tous les éléments introduits dans l'analyse, sans apporter d'innovation. Il met en jeu, comme nous l'avons étudié, une instruction conditionnelle dans le bloc d'instructions de l'instruction de répétition.

Calcul du maximum de vingt nombres

Le second problème est le suivant : soient vingt nombres tirés au hasard. Quelle est la valeur du nombre le plus grand ?

Analyse du problème

Nous avons besoin de deux variables : `x` enregistrera les valeurs tirées au hasard et `max` contiendra la valeur de `x` la plus grande.

Si x est une variable de type int, la valeur tirée au hasard s'écrira par exemple :

```
x=(int)(Math.random()*100);
```

Dans ce cas, la valeur mise par affectation dans x est une valeur entière comprise entre 0 et 99.

Comment déterminer la valeur de max ? Nous allons mettre en évidence le processus à suivre en étudiant un exemple. Soient les nombres 8, 2, 15, 18, 3, 22 et 7 dont la valeur la plus grande est 22. Pour comprendre le processus à suivre, nous considérons que l'étude a déjà commencé et que les trois premières valeurs 8, 2 et 15 ont été examinées : max vaut alors 15 puisque 15 est la valeur la plus grande de cette série de nombres. Considérons maintenant la valeur suivante de x, 18. Cette nouvelle valeur remet-elle en cause la valeur de max ? Evidemment, puisque 18 est supérieure à 15. Il faut donc modifier la valeur de max en effectuant l'affectation max=x. Pour aboutir à cette modification, nous avons exécuté l'instruction :

```
if (x>max) max=x;
```

Examinons si cette instruction permet de calculer la valeur maximale lorsque les valeurs suivantes de x sont 3, 22 et 7 :

- Lorsque x vaut 3, la condition (x>max;) est fausse et max=x n'est pas exécutée : max conserve sa valeur égale à 18.

- Lorsque x vaut 22, la condition (x>max;) est vraie et l'affectation max=x est exécutée : max vaut alors 22.

- Lorsque x vaut 7, la condition (x>max) est fausse et la valeur de max n'est pas modifiée.

Au terme du processus, l'examen répété de l'instruction if(x>max) max=x; aboutit à placer dans la variable max la valeur 22, la plus grande de tous les nombres étudiés. Nous allons donc introduire cette instruction dans le bloc d'instructions.

Le processus à répéter vingt fois est donné par :

```
for (i=1; i<=20; i++)
   {x=(int) (Math.random()*100);
    if (x>max) max=x;}
```

Reste à déterminer la valeur initiale de max. Nous mettrons max à zéro car cette valeur initiale convient pour l'étude des vingt valeurs de x toutes positives ou nulles.

Présentation du programme

Voici le texte correspondant :

Listing 7.3 : `maxnbs.java` — Le maximum de vingt nombres

```
 1: public class maxnbs
 2:   {public static void main(String args[])
 3:     {int x,max,i;
 4:      max=0;
 5:      for (i=1; i<=20; i++)
 6:         {x=(int) (Math.random()*100);
 7:          System.out.print(x+"  ");
 8:          if (x>max) max=x;}
 9:      System.out.println();
10:      System.out.println("le maximum vaut "+max);
11:     }
12:   }
```

Le texte proposé correspond à l'analyse qui vient d'être faite : l'instruction conditionnelle fait bien partie du bloc d'instructions à répéter vingt fois.

Mais pour que l'utilisateur ait connaissance des différentes valeurs de x, nous avons ajouté dans le bloc l'instruction System.out .print(x+" "); (ligne 7). Elle utilise print(...) et non println(...). De ce fait, les résultats sont affichés sur une même ligne. Mais pour qu'ils soient espacés, nous avons introduit des espaces en mettant print(x+" ").

Enfin, nous avons ajouté à la ligne 9 l'instruction System.out .println(); pour que le curseur resté sur la ligne d'affichage des x soit placé au début de la ligne suivante. L'affichage qui intervient ensuite est alors bien disposé à l'écran (ligne 10).

Le raisonnement proposé est le seul qui conduise à la bonne réponse. Si vous procédez différemment en comparant par exemple les nombres deux à deux, vous aboutirez à un résultat faux.

 Pour formuler la solution, nous vous conseillons de suivre le raisonnement que nous venons de présenter. Au lieu de partir du début, supposez que le problème est déjà résolu pour les premiers nombres, puis examinez comment progresser vers la solution en étudiant une nouvelle valeur de x. Une fois le traitement à répéter mis en évidence, rédigez l'instruction de répétition. Cette rédaction vous permet ensuite de définir l'initialisation. Il faut s'intéresser seulement ensuite à l'initialisation et indiquer des valeurs adéquates.

Applications

Après avoir abordé deux cas typiques, nous vous proposons l'étude de plusieurs programmes dans lesquels une instruction conditionnelle intervient dans la répétition, et où une autre instruction conditionnelle est introduite à la suite de l'instruction de répétition. La structure de ces programmes est la suivante :

```
{...
for(...){...

    ...
    if CONDITION_1 INSTRUCTION N°1A;
    else INSTRUCTION N°1B;

    ...
    }
if CONDITION_2 INSTRUCTION N°2A;
else CONDITION N°2B;
...
}
```

Voici la première application.

Un nombre est-il parfait ?

Le problème est le suivant : considérons un nombre entier positif ; est-il un nombre parfait ?

Pour répondre à cette question, nous devons préciser la définition d'un nombre parfait : le nombre n est parfait s'il est égal à la somme de ses diviseurs, en excluant la valeur n des diviseurs du nombre n.

(On dit que i est un diviseur de n lorsque la division arithmétique de n par i donne un reste nul).

Quelques exemples

Pour déterminer si un nombre n est parfait, il faut étudier toutes les divisions entières de n par i, pour les valeurs de i allant de 1 à n–1. Pour chaque division, il faut examiner si le reste est nul : si tel est le cas, i est un diviseur de n ; si ce n'est pas le cas, i n'est pas un diviseur de n.

- Prenons un premier exemple. Soit n=6. Nous étudions toutes les divisions de 6 par i, pour i allant de 1 à 5. i=1 est un diviseur car 6/1 vaut 6 avec un reste nul ; i=2 est un diviseur car 6/2 vaut 3 avec un reste nul ; i=3 est lui aussi un diviseur car 6/3 vaut 2 avec un reste nul. Les autres valeurs i=4 et i=5 ne sont pas des diviseurs car les divisions entières par 4 et 5 ont un reste différent de 0. Les diviseurs de 6 sont donc les nombres 1, 2 et 3 et leur somme vaut 6. Comme n est égal à la somme de ses diviseurs, le nombre 6 est un nombre parfait.

- Considérons un autre exemple. Soit n=8. Les valeurs i de 1 à 7 qui sont des diviseurs de 8 sont les valeurs 1, 2 et 4. Leur somme vaut 7 qui est différente de 8. n=8 n'est pas un nombre parfait.

- Prenons un dernier exemple. Si l'on considère n=28, la somme des diviseurs vaut 1+2+4+7+14=28. Le nombre 28 est un nombre parfait.

Conception du programme

Pour déterminer si un nombre est parfait, nous devons utiliser plusieurs variables : la variable n enregistrera la valeur du nombre à étudier, la variable i prendra toutes les valeurs entières de 1 à n-1, et la variable s permettra de calculer la somme des diviseurs. Nous devons alors effectuer n-1 divisions et examiner si la valeur i correspondante est un diviseur de n. D'où la formulation de la répétition :

```
for(i=1;i<n;i++)
  if (n%i==0) s=s+i;
```

Nous avons choisi la syntaxe avec for(...)... car le nombre de répétitions est connu. Pour effectuer n-1 répétitions, il suffit d'écrire que i peut varier de la valeur 1 jusqu'à ce que la condition i<n soit encore vraie, c'est-à-dire jusqu'à la valeur n-1.

Pour chaque valeur de i, il suffit d'exécuter l'instruction conditionnelle indiquée. En effet, n%i est une expression formulée avec l'opérateur % qui effectue la division de n par i et donne comme résultat la valeur entière du reste car n et i sont des variables de type int. Si la condition (n%i==0) est vraie, cela signifie que le reste vaut 0 et que i est un diviseur de n. Dans ce cas, il faut ajouter la valeur de i à la somme des diviseurs déjà calculée, c'est-à-dire exécuter s=s+i;.

Le cœur du programme est maintenant conçu. Nous devons en terminer l'étude :

• Initialisons les variables présentes dans la répétition. La variable n doit être initialisée par l'instruction n=Saisie.lire_int ("...") ; car elle permet d'enregistrer la valeur que l'utilisateur saisit au clavier. Quant à la variable s, elle doit être initialisée à 0.

• Terminons la formulation du traitement en introduisant une instruction conditionnelle à la suite de l'instruction for(...)... pour déterminer si le nombre n est parfait ou non. Cette instruction est rédigée comme suit :

```
if(s==n)System.out.println(n+" est un nb parfait ");
else System.out.println(n+" n'est pas un nombre parfait");
```

En effet, si la condition (s==n) est vraie, le nombre est parfait. Dans le cas contraire, le nombre n'est pas parfait.

Présentation du programme

Nous pouvons maintenant rédiger la totalité du programme. En voici le résultat :

Listing 7.4 : `nbparfait.java` — Un nombre est-il parfait ?

```
 1: public class nbparfait
 2: {public static void main(String args[])
 3:    {int i,n,s;
 4:     n=Saisie1.lire_int("donne un nombre
        entier : ");
 5:     s=0;
 6:     for(i=1;i<n;i++)
 7:        if (n%i==0) s=s+i;
 8:     if(s==n)System.out.println(n+" est un nb
        parfait ");
 9:     else System.out.println(n+" n'est pas un nb
        parfait ");
10:    }
11: }
```

Le programme est structuré selon l'analyse que nous avons faite :

- **Ligne 3**. Déclaration des variables du programme : i, n et s de type int.

- **Lignes 4 et 5**. Initialisation des variables n et s.

- **Lignes 6 et 7**. La répétition for(...) avec une instruction if... comme seule instruction à répéter n-1 fois.

- **Lignes 8 et 9**. L'instruction if ...else... permet de décider si le nombre n est parfait ou n'est pas parfait.

Nous avons un programme où une instruction conditionnelle intervient dans la répétition, et où une autre instruction conditionnelle est introduite à la suite de l'instruction de répétition.

Exécution du programme

En donnant une valeur numérique au clavier, le programme détermine si cette valeur est un nombre parfait. Il faut savoir qu'il y a très peu de nombres parfaits parmi les premiers nombres. C'est ainsi que l'on vérifie que les nombres 6, 28, 496 et 8 128 sont des nombres parfaits. Mais en existe-t-il d'autres ? Nous pourrons peut-être répondre à cette question au Chapitre 10 (voir Listing 10.4).

Un lancer de dé

La deuxième application concerne un lancer de dé effectué dix fois de suite. Il s'agit d'écrire un programme qui simule ce lancer de dé, puis affiche "BRAVO, vous avez gagné" si au moins deux 6 ont été tirés et "Vous avez perdu" dans le cas contraire.

Analyse du problème

Soit x la variable qui enregistre les valeurs tirées au hasard et nbsix la variable qui permet de compter le nombre de 6 tirés. La répétition qui met en jeu ces deux variables s'écrira alors :

```
for(i=1; i<=10; i++)
   {x=1+(int)(Math.random()*6);
    if (x==6) nbsix=nbsix+1;}
```

En effet, dès qu'une nouvelle valeur est donnée à x, il faut examiner si cette valeur est un 6. Si c'est le cas, la valeur de la variable nbsix doit être augmentée de 1, comme l'indique l'affectation nbsix=nbsix+1.

Pour que le calcul se fasse correctement, il faut initialiser la variable nbsix en plaçant l'affectation nbsix=0; juste avant l'instruction for(...)... Au terme de l'exécution de cette répétition, le programme aura déterminé le nombre de 6 obtenu lors des dix tirages au hasard.

Reste à examiner si ce nombre est supérieur ou égal à 2. Il faut donc ajouter après l'instruction de la répétition for(...)... une nouvelle instruction conditionnelle formulée ainsi :

```
if (nbsix>=2) System.out.println("BRAVO, vous avez
gagne !!");
else System.out.println("Vous avez perdu !!");
```

Présentation du programme

Le texte du programme est le suivant :

Listing 7.5 : jeude6.java — Au moins deux fois un 6 ?

```
 1: public class jeude6
 2:   {public static void main(String args[])
 3:     {int x,i,nbsix;
 4:      nbsix=0;
 5:      for(i=1; i<=10; i++)
 6:        {x=1+(int) (Math.random()*6);
 7:         System.out.print(x+"  ");
 8:         if (x==6) nbsix=nbsix+1;
 9:        }
10:      System.out.println();
11:      if (nbsix>=2) System.out.println("BRAVO,
         vous avez gagne !!");
12:      else System.out.println("Vous avez
         perdu !!");
13:    }
14:  }
```

Le texte reprend exactement le contenu de l'analyse, sans introduire de nouvelles instructions. Ce programme contient deux instructions conditionnelles : la première fait partie du bloc d'instructions à répéter dix fois, la seconde figure à la suite de la répétition for(...)...

Conclusion

Les exemples et les applications que nous avons détaillés ont été construits avec une seule instruction de répétition et une ou plusieurs instructions conditionnelles.

Le rôle d'une instruction conditionnelle est différent selon l'endroit où elle figure dans le programme : lorsqu'elle est présente dans le bloc de l'instruction de répétition, elle est exécutée plusieurs fois (autant de fois que les instructions du bloc d'instructions) ; lorsqu'elle intervient après l'instruction de répétition, elle n'est exécutée qu'une fois.

De plus, la formulation d'une instruction conditionnelle se fait avec else... ou sans else... selon les cas. Ainsi, dans tous les exemples que nous avons traités, l'instruction conditionnelle qui fait partie du bloc d'instructions à répéter plusieurs fois est toujours définie avec if... sans else... Mais il existe des problèmes où il convient d'utiliser if...else... Il faut donc écrire cette instruction en fonction du problème à résoudre, et la moindre erreur de formulation conduit souvent à des solutions fausses.

Plusieurs programmes présentés dans ce chapitre ont été élaborés avec une seule variable appelée x ou lettre dans laquelle les différentes valeurs à étudier ont pris place les unes après les autres. Un autre raisonnement est possible en considérant des tableaux de variables (voir Chapitre 8).

Chapitre 8

Tableaux de données

Au sommaire de ce chapitre

- Présentation
- Un seul tableau de données
- Création d'un second tableau
- Partie utile d'un tableau
- Conclusion

Nous ressentons souvent le besoin d'enregistrer une série de valeurs de même type en mémoire centrale : salaires mensuels d'une personne pour une année donnée, notes d'un étudiant, noms des personnes inscrites à un examen… Pour réaliser ces enregistrements, les langages de programmation (Java en particulier) offrent la possibilité de créer des structures de données appelées tableaux.

Ce chapitre aborde les tableaux de données. Nous indiquerons comment les déclarer en Java et étudierons plusieurs exemples pour préciser comment utiliser les tableaux et concevoir leur traitement informatique en distinguant plusieurs cas typiques.

Présentation

Un tableau est une structure de taille constante conçue pour regrouper plusieurs données de même type. Il est défini par une déclaration qui permet de mettre en place, en mémoire centrale, l'ensemble des cases mémoire correspondantes.

Syntaxe des déclarations

Prenons un exemple. Si nous souhaitons créer un tableau de douze cases mémoire de type int pour y faire apparaître les douze salaires mensuels d'une personne, nous ferons la déclaration suivante :

```
int[] salaire;
salaire=new int[12];
```

La première ligne permet de déclarer la variable intitulée salaire. Le double crochet [] qui suit int est indispensable car il spécifie que la déclaration est celle d'une structure de tableau. On dit alors que la variable salaire est de type tableau.

La syntaxe de la seconde ligne est très particulière. Il s'agit d'une affectation dont le terme de droite est new int[12]. new... est une instruction du langage Java qui, lors de son exécution, met en place en mémoire centrale les cases du tableau selon les indications données par ses arguments. Ici, new int[12] réalise l'implémentation de douze variables de type int, et ces douze variables constituent le tableau. La valeur 12 qui figure entre les deux crochets représente la taille du tableau.

Lorsque l'exécution de new int[12] est terminée, les douze variables sont en place et l'affectation salaire=new int[12]; est exécutée à son tour. Nous avons alors en mémoire centrale douze variables identifiées de la façon suivante : la première est désignée par salaire[0], la deuxième par salaire[1], la troisième par salaire[2], etc., jusqu'aux deux dernières qui portent les noms de salaire[10] et salaire[11]. La Figure 8.1 donne une représentation schématique de ces douze variables.

```
            MEMOIRE
            CENTRALE
                  ┌─────────────┐
                  │             │
  salaire[0]      ├─────────────┤
  salaire[1]      ├─────────────┤
  salaire[2]      ├─────────────┤
  salaire[3]      ├─────────────┤
  salaire[4]      ├─────────────┤
  salaire[5]      ├─────────────┤
  salaire[6]      ├─────────────┤
  salaire[7]      ├─────────────┤
  salaire[8]      ├─────────────┤
  salaire[9]      ├─────────────┤
  salaire[10]     ├─────────────┤
  salaire[11]     ├─────────────┤
                  │             │
                  │             │
                  └─────────────┘
```

Figure 8.1 : Les variables du tableau.

Le numéro qui suit le terme salaire est placé entre crochets, selon une convention que l'on retrouve dans la plupart des langages de programmation. Il désigne le numéro de la variable, comme le fait l'indice d'une variable x lorsque l'on définit un vecteur.

> La numérotation de la variable salaire va de 0 à 11, car en Java la première variable est toujours numérotée avec 0. Il y a donc un décalage de 1 entre le rang de la variable et la valeur de son numéro placé entre crochets : la première variable est désignée par salaire[0], la deuxième par salaire[1], la troisième par salaire[2], etc.

Un tableau déclaré en Java doit avoir une taille fixe. Cette taille doit figurer comme valeur du dernier argument de l'instruction new... Ainsi, l'instruction new int[12] met en place un tableau de douze cases de type int, et l'instruction new int[100] un tableau de cent cases de type int.

Des déclarations similaires sont nécessaires pour un tableau de nombres décimaux ou de caractères.

Si nous déclarons :

```
double[] tab ;
tab=new double[20];
```

nous définissons la variable tab comme étant de type tableau et mettons en place vingt variables de type double, désignées par tab[0], tab[1],..., tab[19].

Si nous déclarons :

```
char[] chaîne;
chaîne=new char[25];
```

nous définissons la variable chaîne comme étant de type tableau et créons vingt-cinq variables de type char, désignées par chaîne[0], chaîne[1],..., chaîne[24].

Enfin, il est possible de définir un tableau en énumérant toutes ses valeurs, sans faire intervenir new... explicitement. Ainsi, par exemple, la ligne :

```
int[] x = {11,27,34,7};
```

permet la mise en place en mémoire de quatre variables x[0], x[1], x[2] et x[3], puis réalise les quatre affectations x[0]=11; x[1]=27; x[2]=34; et x[3]=7; en prenant en compte les quatre valeurs constantes présentes entre les deux accolades. La Figure 8.2 donne une représentation du résultat.

```
            MEMOIRE
            CENTRALE
         ┌─────────────┐
         │             │
         ├─────────────┤
   x[0]  │     11      │
         ├─────────────┤
   x[1]  │     27      │
         ├─────────────┤
   x[2]  │     34      │
         ├─────────────┤
   x[3]  │      7      │
         ├─────────────┤
         │             │
         └─────────────┘
```

Figure 8.2 : Le tableau défini par la variable x.

Exemple

Voici un premier programme. Il s'agit de mettre les douze salaires mensuels d'une personne dans un tableau, puis d'en faire la somme pour calculer le salaire annuel. Le texte du programme est donné par le Listing 8.1.

Listing 8.1 : `somsal.java` — Un tableau de douze salaires

```
 1: public class somsal
 2:   {public static void main(String args[])
 3:     {int[] salaire;
 4:      salaire=new int[12];
 5:      int i,val,s;
 6:
 7:      for(i=0; i<12; i++)
 8:        {val=Saisie.lire_int("Donne le salaire
         du mois "+(i+1)+" : ");
 9:         salaire[i]=val;}
10:
11:      s=0;
12:      for(i=0;i<12;i++)
13:        s=s+salaire[i];
14:
```

```
15:        System.out.println("le total des salaires
           vaut "+s);
16:     }
17: }
```

Le programme est construit avec les variables salaire, i, val et s (lignes 3 à 5) :

- salaire est la variable de type tableau. Elle est définie comme nous l'avons présentée plus haut. Les cases mémoire correspondantes sont désignées par : salaire[0], salaire[1], …, jusqu'à salaire[11].

- i, val et s sont de type int : i est la variable utilisée pour compter le nombre de répétitions, val sert à enregistrer la valeur d'un salaire donnée par l'utilisateur et s à calculer la somme des salaires.

Puis le programme est structuré en trois parties successives :

- **Lignes 7 à 9 : saisie des données dans le tableau**. Lorsque vous saisissez au clavier les douze valeurs des salaires mensuels, l'instruction for(...)... assure les douze répétitions nécessaires en faisant varier i de 0 à 11. Pour chaque valeur de i, la valeur saisie est placée dans une variable val (ligne 8), puis celle-ci est recopiée dans la variable salaire[i] lors de l'exécution de l'affectation salaire[i]=val; (ligne 9). Comme i varie de 0 à 11, salaire[i] désigne à chaque fois une case mémoire différente. Après douze exécutions, la totalité des variables du tableau possèdent une valeur.

On aurait pu supprimer la variable val et remplacer les deux instructions du bloc d'instructions par une seule instruction :

```
salaire[i]=Saisie.lire_int("Donne le salaire du mois
"+(i+1)+" : ");
```

Vous avez noté que pour indiquer précisément de quel mois il s'agit, Saisie.lire_int("...") fait intervenir (i+1) : lorsque i=0, i+1 vaut 1 et correspond au premier mois ; lorsque i=1, i+1 vaut 2 et correspond au deuxième mois, etc.

- **Lignes 11 à 13 : calcul de la somme des salaires**. Pour calculer la somme des salaires, il faut d'abord initialiser la variable s à 0, puis répéter douze fois de suite le même traitement qui se résume à une seule instruction s=s+salaire[i];. En effet, puisque i varie de 0 à 11, il suffit d'ajouter douze fois de suite la valeur de salaire[i] à la somme des salaires déjà calculée.

- **Ligne 15 : affichage du résultat**. Enfin, la valeur de s calculée précédemment est affichée lors de l'exécution de l'instruction System.out.println("le total des salaires vaut "+s).

Après ce premier exemple, nous présentons plusieurs programmes qui décrivent des situations typiques.

Un seul tableau de données

Examinons d'abord trois exemples construits chacun avec un seul tableau de données.

Modification des valeurs d'un tableau

Le premier exemple porte sur des notes d'examen à modifier.

Considérons vingt-cinq notes d'examen données par un premier correcteur. A la suite d'une seconde correction, les notes doivent être modifiées de la façon suivante : si une note est inférieure ou égale à 6, elle est augmentée de deux points ; si elle est comprise entre 7 et 12, elle est augmentée d'un point ; si elle est supérieure ou égale à 13, elle n'est pas modifiée. Il faut écrire le programme qui permet de saisir les vingt-cinq notes puis effectue les modifications nécessaires de ces notes.

Voici le texte du programme :

Listing 8.2 : `modif_notes.java` — Saisie des notes et modification

```
1: public class modif_notes
2:    {public static void main(String args[])
3:     {int[] note;
4:      note=new int[25];
```

```
5:        int i;
6:
7:        for(i=0;i<25;i++)
8:          note[i]=Saisie.lire_int("Donne une
             note : ");
9:        for(i=0;i<25;i++)
10:         System.out.print(note[i]+"  ");
11:       System.out.println();
12:
13:       for(i=0;i<25;i++)
14:         if (note[i]<=6) note[i]=note[i]+2;
15:         else if (note[i]>=7 && note[i]<=12)
                    note[i]=note[i]+1;
16:       for(i=0;i<25;i++)
17:         System.out.print(note[i]+"  ");
18:       System.out.println();
19:     }
20: }
```

Le programme est défini avec la variable note de type tableau. Il permet de mettre en place les variables note[0], note[1], note[2],..., note[24].

Le programme est structuré en deux parties :

- **Lignes 7 à 11 : saisie des données dans le tableau et affichage des données**. La répétition for(...)... assure vingt-cinq fois de suite la saisie d'une note placée par affectation dans chaque variable note[i]. Puis le programme procède à l'affichage des vingt-cinq valeurs.

- **Lignes 13 à 18 : modifications de la valeur des données et affichage des nouvelles valeurs**. La répétition for(...)... examine vingt-cinq fois de suite si chaque note désignée par note[i] doit être modifiée (lignes 13 à 15). Si la condition (note[i]<=6) est vraie, la note est modifiée par l'affectation note[i]=note[i]+2; si la condition (note[i]>=7 && note[i]<=12) est vraie, la note est modifiée par l'affectation note[i]=note[i]+1; dans le cas contraire, la note n'est pas modifiée. Puis le programme affiche les nouvelles valeurs des notes mémorisées dans le tableau (lignes 16 à 18).

Le minimum et sa position

Le deuxième exemple concerne vingt nombres d'un tableau de nombres dont les valeurs sont tirées au hasard. Il s'agit de déterminer la valeur du nombre le plus petit et sa position dans le tableau.

Voici le texte du programme :

Listing 8.3 : `minpos.java` — Déterminer le nombre minimum et sa position

```
 1: public class maxpos
 2:   {public static void main(String args[])
 3:     {int[] tab;
 4:      tab=new int[20];
 5:      int i,val,min,position;
 6:
 7:      for(i=0; i<20; i++)
 8:        {val=(int)(Math.random()*100);
 9:         tab[i]=val;}
10:
11:      min=tab[0];
12:      position=0;
13:      for(i=1;i<20;i++)
14:         if(tab[i]<min) {min=tab[i];
15:                         position=i;}
16:
17:      for(i=0;i<20;i++)
18:        System.out.print(tab[i]+"  ");
19:      System.out.println();
20:      System.out.println("min = "+min+" position =
         "+position);
21:    }
22:  }
```

Ce programme est construit avec plusieurs variables.

La variable `tab` est de type tableau, comme l'indique la déclaration `int[] tab;` (ligne 3). Après l'exécution de `new int[20]` et de l'affectation `tab=new int[20];`, le tableau de vingt nombres implémenté en mémoire est composé des variables `tab[0]`, `tab[1]`,..., `tab[18]` et `tab[19]` :

- La variable `i` compte le nombre de répétitions.

- La variable `val` réceptionne chaque valeur tirée au hasard.

- La variable `min` enregistre la valeur la plus petite.

- La variable `position` donne la position du nombre le plus petit dans le tableau.

Le programme est structuré de la façon suivante :

- **Lignes 7 à 9 : saisie des valeurs des nombres.** La fonction `Math.random()*100` donne pour chaque `i` une valeur tirée au hasard, comme cela est indiqué ligne 8. `tab[i]` prend alors la valeur entière qui découle du tirage (ligne 9). Au terme de la répétition, vingt nombres entiers figurent dans le tableau défini par `tab`.

- **Lignes 13 à 15 : recherche de la valeur minimum et de sa position.** Pour concevoir le traitement, supposons que l'on a déjà commencé l'étude et examinons si le nouveau nombre étudié remet en cause la valeur de `min` déjà calculée. Si `tab[i]` est ce nouveau nombre, et si la comparaison `tab[i]<min` est vraie, `tab[i]` est la nouvelle valeur de `min`. Il faut dans ce cas exécuter `min=tab[i]`. Cela signifie que pour chaque valeur de `i`, il faut introduire l'instruction conditionnelle `if (tab[i]<min) min=tab[i];` et exécuter l'affectation `min=tab[i];` lorsque la condition est vraie. Il suffit de répéter ce traitement vingt fois pour toutes les valeurs de `i` concernées. On obtient ainsi, comme valeur de `min`, la valeur du nombre le plus petit.

On nous demande également de déterminer la position du minimum dans le tableau de nombres. Or, c'est au moment où la valeur de `min` est modifiée en effectuant l'affectation `min=tab[i];` que l'on connaît la position du nombre puisque cette dernière est donnée par `i`.

Il faut donc faire suivre cette affectation de l'enregistrement de la valeur de i. D'où la formulation de l'instruction conditionnelle :

```
14:              if(tab[i]<min) {min=tab[i];
15:                             position=i;}
```

En effet, lorsque la condition est vraie, les deux instructions du bloc d'instructions sont exécutées l'une après l'autre, la valeur de i étant immédiatement placée dans la variable position.

- **Lignes 11 et 12 : initialisation de min et de position**. Il reste à faire en sorte que la répétition fonctionne bien dès la première exécution. Comme la condition de l'instruction conditionnelle utilise la variable min, cette variable doit présenter une valeur initiale adaptée au programme. Mais attention, si l'on initialise min à 0, on risque une erreur. En effet, si aucune des valeurs du tableau déterminées par la fonction Math.random() n'est égale à 0, la valeur initiale min=0 ne sera pas remise en cause alors qu'elle n'appartient pas à la série des valeurs tirées au hasard. Il faut donc procéder autrement.

Le raisonnement à suivre consiste à placer comme valeur initiale la première valeur de la série des nombres étudiés, c'est-à-dire tab[0]. D'où l'initialisation proposée à laquelle il faut associer l'initialisation de la variable position :

```
11:     min=tab[0];
12:     position=0;
```

Lors de la première exécution de for(...)..., il est alors préférable de comparer tab[1] à min, puisque la valeur de tab[0] est celle de min. Nous avons donc formulé la répétition pour i allant de 1 à 19 et non de 0 à 19. D'où l'écriture complète de la répétition :

```
11:     min=tab[0];
12:     position=0;
13:     for(i=1;i<20;i++)
14:         if(tab[i]<min) {min=tab[i];
15:                        position=i;}
```

- **Lignes 17 à 20 : affichage des données et du résultat**. Enfin, le programme affiche les valeurs des vingt nombres et la valeur du nombre le plus petit ainsi que sa position.

Ce programme est plus général que le programme étudié au Chapitre 7 (voir Listing 7.3). Il permet de conserver en mémoire les valeurs tirées au hasard alors que dans la version donnée par le Listing 7.3, chaque valeur prenait place dans la même variable x. De plus, l'initialisation de la variable min est adaptée à tous les cas, alors que celle de max dans la version précédente est valable uniquement pour ce programme.

Calcul à partir d'un tableau de constantes

Le troisième exemple propose de calculer le nombre de jours d'une période donnée. La période étudiée est définie par le numéro du jour et le numéro du mois de la date de début, et par le numéro du jour et le numéro du mois de la date de fin. Nous supposerons que la période s'étend sur une seule année et que l'année considérée n'est pas bissextile.

Pour résoudre ce problème, considérons un tableau de valeurs par énumération. Ainsi, nous définissons la variable nbjours de type tableau de la façon suivante :

```
int[] nbjours={0,31,28,31,30,31,30,31,31,30,31,30,31};
```

Cette déclaration définit la variable nbjours et crée en mémoire un tableau sans faire intervenir new... En effet, une telle écriture permet d'implémenter directement un tableau dont le nombre de cases est égal au nombre de valeurs figurant entre les deux accolades, et d'affecter chaque valeur mentionnée à chaque case du tableau.

Dans cette déclaration, il y a treize valeurs entre les deux accolades : 0, 31, 28, …, 30 et 31. Le tableau ainsi défini est constitué par treize variables ayant les valeurs suivantes : nbjours[0]=0, nbjours[1]=31, nbjours[2]=28, …, nbjours[11]=30, nbjours[12]=31.

En procédant ainsi, nous aurons en mémoire un ensemble de valeurs indiquant le nombre de jours pour chacun des mois. En effet, nous avons neutralisé la première case du tableau en mettant nbjours[0] à 0 et avons fait coïncider le numéro des autres variables avec le numéro du mois : pour le premier mois, nous avons nbjours[1]=31, pour le deuxième nbjours[2]=28, etc., jusqu'au mois de décembre où nous obtenons nbjours[12]=31.

Il est alors aisé de calculer le nombre de jours d'une période donnée, comme l'indique le texte du programme :

Listing 8.4 : `period.java` — Calcul du nombre de jours

```
 1: public class period
 2:   {public static void main(String args[])
 3:     {int j1,m1,j2,m2,duree,i;
 4:      int[] nbjours={0,31,28,31,30,31,30,31,31,
         30,31,30,31};
 5:      j1=Saisie.lire_int("date de debut : donne
         le numero du jour : ");
 6:      m1=Saisie.lire_int("date de debut : donne
         le numero du mois : ");
 7:      j2=Saisie.lire_int("date de fin : donne le
         numero du jour : ");
 8:      m2=Saisie.lire_int("date de fin : donne le
         numero du mois : ");
 9:
10:      if(m2==m1) duree=j2-j1+1;
11:      else {duree=nbjours[m1]-j1+1;
12:           for(i=m1+1;i<m2;i++)
13:              duree=duree+nbjours[i];
14:           duree=duree+j2;
15:           }
16:      System.out.println("nombre de jours de la
         periode "+duree);
17:     }
18:   }
```

Variables du programme

Les variables du programme découlent de l'énoncé du problème et du choix que nous avons fait pour enregistrer le nombre de jours de chaque mois (lignes 3 et 4) :

- Les variables j1 et m1 serviront à enregistrer les valeurs du jour et du mois qui définissent la date du début de la période.

- Les variables j2 et m2 seront utilisées pour enregistrer les valeurs du jour et du mois qui définissent la date de fin de la période.

- La variable duree servira à enregistrer les résultats successifs nécessaires pour calculer le nombre de jours.

- La variable i sera employée pour énumérer les valeurs à considérer.

- La variable nbjours de type tableau est définie comme nous l'avons présentée.

Exécution du programme

Lors de son exécution, le programme permet à l'utilisateur de donner les valeurs de j1 et m1, puis de j2 et m2. Le programme analyse ensuite les cas qui se présentent :

- **Ligne 10 : m2=m1.** Dans ce cas, la durée vaut j2-j1+1 (nous incluons dans le nombre de jours à calculer le jour du début et le jour de la fin de la période).

- **Lignes 11 à 15 : m2 est différent de m1.** Le bloc d'instructions qui suit else est composé de trois instructions successives qui permettent d'effectuer les traitements suivants :

  – Compter le nombre de jours de la période appartenant au premier mois (ligne 11).

  – Ajouter la durée de chaque mois complet dans la période étudiée. Ce calcul est effectué par la répétition for(...)... qui utilise pour chaque mois i concerné son nombre de jours donné par nbjours[i] (lignes 12 et 13).

  – Ajouter le nombre de jours de la période qui appartiennent au dernier mois (ligne 14).

Le calcul est alors terminé et le programme peut afficher le résultat (ligne 16).

Création d'un second tableau

Dans de nombreuses applications, nous ressentons le besoin de créer un nouveau tableau (ou plusieurs) à partir des données inscrites dans un premier tableau. Les deux exemples suivants illustrent cette situation.

Calcul des valeurs cumulées

Le premier exemple concerne une série de dix nombres entiers. Après avoir placé ces nombres dans un premier tableau, nous souhaitons calculer les valeurs cumulées correspondantes.

Conception du calcul

Prenons un exemple. Si les premières valeurs du tableau sont 6, 4, 3 et 7, les valeurs cumulées correspondantes sont obtenues en réalisant les sommes partielles de la façon suivante :

- première valeur cumulée : 6 ;
- deuxième valeur cumulée : 4+6 = 10 ;
- troisième valeur cumulée : 3+10 = 13 ;
- quatrième valeur cumulée : 7+13 = 20.

Il s'agit donc à chaque fois d'ajouter au nombre courant la somme calculée précédemment.

Nous avons besoin d'un premier tableau pour enregistrer les nombres à étudier. Soit `tab1` la variable qui définit ce premier tableau. Mais nous devons créer un second tableau pour y placer les valeurs cumulées. Soit `tab2` la variable qui définit le second tableau. Il faudra alors calculer chaque valeur cumulée en effectuant l'affectation suivante :

```
tab2[i]=tab1[i]+tab2[i-1];
```

Cette affectation signifie que la ième valeur cumulée qui est placée dans `tab2[i]` est égale à la somme de la ième valeur du premier tableau donnée par `tab1[i]`, à laquelle il faut ajouter la valeur cumulée précédente donnée par tab2[i-1]. En effet, lorsque l'on écrit tab2[i-1], l'interpréteur Java calcule d'abord la valeur i-1 puis examine la variable tab[...] ainsi désignée. En procédant ainsi, nous pouvons reproduire automatiquement le calcul que nous venons de présenter.

Présentation du programme

Voici le programme qui découle de cette première analyse :

Listing 8.5 : **valcumul.java** — Calcul des valeurs cumulées

```
 1: public class valcumul
 2:    {public static void main(String args[])
 3:      {int[] tab1,tab2;
 4:       tab1=new int[10];
 5:       tab2=new int[10];
 6:       int i;
 7:       for(i=0;i<10;i++)
 8:         tab1[i]=Saisie.lire_int("Donne un nombre
                positif ou nul : ");
 9:
10:       tab2[0]=tab1[0];
11:       for(i=1;i<10;i++)
12:         tab2[i]=tab1[i]+tab2[i-1];
13:
14:       for(i=0;i<10;i++)
15:         System.out.print(tab1[i]+"  ");
16:       System.out.println();
17:       for(i=0;i<10;i++)
18:         System.out.print(tab2[i]+"  ");
19:       System.out.println();
20:      }
21:    }
```

Les deux tableaux sont déclarés de la manière suivante :

```
 3:      {int[] tab1,tab2;
 4:       tab1=new int[10];
 5:       tab2=new int[10];
```

Après exécution de ces instructions, nous avons en mémoire centrale dix variables correspondant à la variable tab1 : tab1[0], tab1[1], ..., tab1[9], et dix variables correspondant à la variable tab2 : tab2[0], tab2[1],..., tab2[9]. La répétition for(...)... assure ensuite la saisie des dix nombres à étudier en enregistrant chaque valeur saisie au clavier dans la variable tab1[i] (lignes 7 et 8).

Le calcul des valeurs cumulées se fait alors selon l'instruction présentée lors de l'analyse. Nous devons répéter cette instruction autant de fois que nécessaire, comme le suggère l'instruction for(...)... :

```
11:     for(…)
12:         tab2[i]=tab1[i]+tab2[i-1];
```

Il faut faire attention à la première exécution : si i vaut 0, i-1 vaut −1 et tab2[i-1] porterait sur une variable numérotée −1, ce qui n'a pas de sens. Il faut donc commencer la répétition par la valeur i=1 car dans ce cas, tab2[i-1] correspond à tab2[0], et la première affectation devient tab2[1]=tab1[1]+tab2[0];. Il reste à initialiser correctement tab2[0]. D'où la formulation proposée :

```
10:     tab2[0]=tab1[0];
11:     for(i=1;i<10;i++)
12:         tab2[i]=tab1[i]+tab2[i-1];
```

Calcul des valeurs d'un histogramme

Le deuxième exemple concerne la réalisation d'un histogramme.

Considérons trente-cinq notes entières allant de 0 à 20 placées dans un premier tableau de nombres entiers. Nous voulons calculer le nombre de fois où la note 0 a été donnée, puis le nombre de fois où la note 1 a été donnée ; et faire le même type de calculs pour chaque valeur des notes jusqu'à la note 20. Nous obtenons alors vingt et une valeurs qui correspondent à la fréquence de chaque note allant de 0 à 20. Elles définissent ainsi un histogramme. Nous voulons que ces vingt et une valeurs soient mémorisées dans un second tableau de nombres.

Soit tab la variable de type tableau qui désigne le premier tableau et tabhisto, la variable de type tableau qui désigne le second tableau. Nous obtiendrons alors trente-cinq variables tab numérotées de 0 à 34, chaque variable ayant pour valeur une note. Et nous aurons vingt et une variables tabhisto numérotées de 0 à 20 : tabhisto[0] aura pour valeur le nombre de notes égales à 0 parmi les trente-cinq notes, tabhisto[1] le nombre de notes égales à 1 parmi les trente-cinq notes, ..., tabhisto[20] aura pour valeur le nombre de notes égales à 20 parmi les trente-cinq notes.

Voici le texte du programme correspondant :

Listing 8.6 : `histo.java` — Un histogramme des notes

```
 1: public class histo
 2:   {public static void main(String args[])
 3:    {int[] tab,tabhisto;
 4:     tab=new int[35];
 5:     tabhisto=new int[21];
 6:     int i,j,note;
 7:     System.out.println("Donne les notes des 35
          etudiants (en nombres entiers) : ");
 8:     for(i=0;i<35;i++)
 9:       tab[i]=Saisie.lire_int(i+"eme note: ");
10:     for(j=0;j<21;j++)
11:       tabhisto[j]=0;
12:
13:     for(i=0;i<35;i++)
14:       {note=tab[i];
15:        tabhisto[note]=tabhisto[note]+1;}
16:
17:     for(i=0;i<35;i++)
18:       System.out.print(tab[i]+"  ");
19:     System.out.println();
20:     for(j=0;j<21;j++)
21:       System.out.print(tabhisto[j]+"  ");
22:     System.out.println();
23:    }
24:  }
```

Le programme définit les variables tab et tabhisto comme nous l'avons présenté :

```
3:      {int[] tab,tabhisto;
4:       tab=new int[35];
5:       tabhisto=new int[21];
```

Au terme de l'exécution de ces instructions, il y a trente-cinq variables tab numérotées de 0 à 34 en mémoire centrale et vingt et une variables tabhisto numérotées de 0 à 20 en mémoire centrale.

Le programme permet ensuite à l'utilisateur de mettre les trente-cinq notes dans le premier tableau (lignes 8 et 9). Il prend ensuite la précaution de mettre la valeur 0 dans chacune des cases du second tableau (lignes 10 et 11) car il est indispensable de bien initialiser chacune des variables tabhisto[j].

Pour distinguer les traitements effectués sur chacun des tableaux, nous avons employé systématiquement la variable i pour le premier tableau et la variable j pour le second tableau. Mais ces deux variables jouent le même rôle. Elles désignent le numéro de la case mémoire étudiée et comptent ainsi le nombre de répétitions effectuées.

Le calcul des fréquences de chacune des notes est réalisé en parcourant les cases du premier tableau de la façon suivante :

```
13:     for(i=0;i<35;i++)
14:       {note=tab[i];
15:        tabhisto[note]=tabhisto[note]+1;}
```

Ainsi, pour chaque valeur de i, la note qui figure dans tab[i] est recopiée dans une variable appelée note (ligne 14). Supposons par exemple que ce soit la valeur 13. Cela signifie que la fréquence de la note 13 doit être augmentée de 1. Or, la valeur actuelle de la fréquence du nombre 13 figure dans la variable désignée par tabhisto[13].

C'est donc la valeur de cette variable qui doit être augmentée de 1. Il suffit de considérer `tabhisto[note]` et d'augmenter sa valeur de 1, comme l'indique l'affectation de la ligne 15.

Il ne reste plus qu'à afficher chacune des notes du premier tableau et chacune des fréquences des notes du second tableau (lignes 17 à 22).

On aurait pu supprimer la variable `note` et écrire :
```
for(i=0;i<35;i++)
        tabhisto[tab[i]]=tabhisto[tab[i]]+1;
```

Partie utile d'un tableau

Dans certains cas, l'exécution d'un programme conduit à placer seulement quelques valeurs dans un tableau, laissant les autres cases vides. Le tableau comprend alors deux parties : la partie utile où figurent les valeurs placées lors de l'exécution du programme et la partie non utilisée. Pour bien gérer les valeurs de la partie utile, il est nécessaire de connaître le nombre de valeurs mises dans le tableau afin de limiter les traitements imposés à ces valeurs. Si la partie utile commence à la case 0 et s'il y a n valeurs, la partie utile est définie par les cases mémoire numérotées de 0 à n-1.

Exemple avec trois tableaux

Voici un exemple qui indique la marche à suivre pour gérer la partie utile de plusieurs tableaux.

Considérons dix nombres positifs ou négatifs donnés par un utilisateur et dont les valeurs sont enregistrées dans un premier tableau de dix cases mémoire. Il s'agit alors de séparer les nombres positifs des nombres négatifs. Pour ce faire, nous proposons de recopier les nombres positifs ou nuls dans un deuxième tableau et les nombres négatifs dans un troisième tableau. Au terme de la recopie de toutes les valeurs, nous aurons d'un côté les nombres positifs ou nuls, et de l'autre les nombres négatifs.

Analyse du problème

Nous devons définir trois tableaux de nombres :

- Le premier est destiné à enregistrer les dix nombres fournis par l'utilisateur ; il est défini par la variable `tab`.

- Le deuxième est prévu pour recueillir les nombres positifs ou nuls ; il est défini par la variable `tabpos`.

- Le troisième est prévu pour recueillir les nombres négatifs ; il est désigné par la variable `tabneg`.

Le premier tableau doit servir à enregistrer dix nombres. Sa taille donc de 10. Quelle est celle des deux autres tableaux ? Nous ne savons pas *a priori* combien il y aura de nombres positifs ou nuls et de nombres négatifs. Ce constat pourrait nous inciter à mettre en place des tableaux de taille variable. Mais cela est impossible en Java car ce langage nous impose de définir dans tous les cas des tableaux dont la taille est une constante. Nous allons donc définir les deux tableaux `tabpos` et `tabneg` avec dix cases mémoire car le nombre de valeurs qui y seront recopiées peut aller jusqu'à dix (Il peut y avoir dix nombres positifs ou dix nombres négatifs). Les déclarations sont donc les suivantes :

```
int[] tab,tabpos,tabneg;
tab=new int[10];
tabpos=new int[10];
tabneg=new int[10];
```

Lorsque les dix nombres fournis par l'utilisateur sont enregistrés dans le premier tableau, il faut étudier chacun de ces nombres pour déterminer dans quel tableau en recopier la valeur. Si le nombre étudié est positif ou nul, il faut le recopier dans le tableau `tabpos` au premier emplacement libre. Et la quantité de nombres présents dans ce tableau doit être augmentée de 1. Si le nombre étudié est négatif, il faut faire de même dans le tableau `tabneg` : recopier la valeur dans le premier emplacement libre et augmenter la quantité de nombres négatifs de 1.

Au terme de ce processus répétitif, nous obtiendrons plusieurs nombres recopiés dans le deuxième tableau : nous appelons nbpos la quantité de ces nombres positifs ou nuls. De la même façon, nous aurons plusieurs nombres négatifs dans le troisième tableau : nous appelons nbneg cette quantité de nombres négatifs. Chacun de ces nombres définit la partie utile de chaque tableau : de 0 à nbpos-1 pour le tableau tabpos, et de 0 à nbneg-1 pour le tableau tabneg.

Enfin, nous proposons d'utiliser la variable i pour désigner les numéros des cases du premier tableau, et les variables j et k pour désigner les numéros des cases du deuxième et du troisième tableau.

Présentation du programme

Voici le programme construit avec ces variables :

Listing 8.7 : **tabposneg.java** — La partie utile d'un tableau

```
 1: public class tabposneg
 2:   {public static void main(String args[])
 3:    {int[] tab,tabpos,tabneg;
 4:     tab=new int[10];
 5:     tabpos=new int[10];
 6:     tabneg=new int[10];
 7:     int i,j,k,nbpos,nbneg;
 8:     for(i=0;i<10;i++)
 9:       tab[i]=Saisie.lire_int("Donne un nombre
          positif ou negatif : ");
10:
11:     j=0;
12:     k=0;
13:     for(i=0;i<10;i++)
14:       if(tab[i]>=0) {tabpos[j]=tab[i];
15:                      j=j+1;}
16:       else {tabneg[k]=tab[i];
17:             k=k+1;}
18:     nbpos=j;
19:     nbneg=k;
20:
```

```
21:        for(i=0;i<10;i++)
22:          System.out.print(tab[i]+"  ");
23:        System.out.println();
24:        for(j=0;j<nbpos;j++)
25:          System.out.print(tabpos[j]+"  ");
26:        System.out.println();
27:        for(k=0;k<nbneg;k++)
28:          System.out.print(tabneg[k]+"  ");
29:        System.out.println();
30:      }
31:    }
```

Les déclarations des variables sont formulées comme nous l'avons indiqué lors de l'analyse. Le texte du programme est ensuite structuré en trois parties :

La saisie des données (lignes 8 et 9). L'instruction de répétition for(...)... assure la saisie des dix nombres.

La recopie des nombres dans l'un des deux tableaux (lignes 11 à 19). La variable j qui donne le numéro de la première case libre du deuxième tableau tabpos est d'abord initialisée à 0. La variable k qui donne le numéro de la première case libre du troisième tableau tabneg est, elle aussi, initialisée à 0. Puis, pour chaque valeur de i allant de 0 à 9 dans le premier tableau, l'instruction conditionnelle examine si la condition (tab[i]>=0) est vraie. Si c'est le cas, le programme exécute le bloc d'instructions :

```
14:          {tabpos[j]=tab[i];
15:           j=j+1;}
```

Si la condition est fausse, le programme exécute le bloc qui suit else :

```
16:          {tabneg[k]=tab[i];
17:           k=k+1;}
```

Lors de la première exécution, i, j et k valent 0. Si la condition (tab[0]>=0) est vraie, tab[0] est recopiée dans tabpos[0], la première case du tableau tabpos. Puis j prend la valeur de j+1.

j vaut alors 1 et désigne la première case libre du deuxième tableau alors que k n'a pas été modifié et vaut 0. Par contre, si la condition est fausse, tab[0] est recopiée dans tabneg[0] qui est la première case du tableau tabneg. Puis k augmente de 1 et désigne la première case libre du troisième tableau alors que j n'a pas varié et vaut 0.

Au tour suivant, pour i=1, la condition (tab[1]>=0) est examinée pour déterminer si elle est vraie. L'un des deux blocs d'instructions est exécuté comme au tour précédent. Si la condition est vraie, la première instruction du bloc tabpos[j]=tab[1]; est exécutée en prenant en compte la valeur de j, puis j augmente de 1. Si la condition est fausse, tabneg[k]=tab[1]; est exécutée en prenant en compte la valeur de k, puis k augmente de 1.

Pour les tours suivants (i=2 jusqu'à i=9), le même traitement se déroule et recopie chaque valeur dans le tableau correspondant, à l'emplacement désigné par la variable j ou la variable k.

Au terme de l'exécution de l'instruction de répétition for(...)..., les nombres positifs ou nuls recopiés dans le deuxième tableau sont numérotés de 0 à j-1, j désignant la première case libre du tableau (j est aussi le nombre des nombres positifs ou nuls). Les nombres négatifs recopiés dans le deuxième tableau sont numérotés de la même façon, de 0 à k-1, k désignant la première case libre du troisième tableau (k est aussi la quantité des nombres négatifs). Il est donc possible de mémoriser la quantité de nombres positifs ou nuls en réalisant l'affectation nbpos=j; et de mémoriser la quantité de nombres négatifs en effectuant l'affectation nbneg=k; (lignes 18 et 19).

La numérotation à partir de 0 introduit un décalage. De 0 à j-1, il y a j valeurs, donc j nombres positifs ou nuls dans le deuxième tableau. Et de 0 à k-1, il y a k valeurs, et k nombres négatifs dans le troisième tableau.

L'affichage des résultats (lignes 21 à 29). Il se fait spécifiquement pour chaque tableau :

- Le premier tableau est constitué de dix cases, toutes occupées par un nombre. L'affichage se fait grâce à l'instruction `for(...)...` structurée avec la variable `i` pour `i` allant de 0 à 9.

- Le deuxième tableau contient `nbpos` valeurs qui définissent la partie utile du tableau. L'affichage de ces valeurs se fait grâce à l'instruction `for(...)...` structurée avec la variable `j` pour `j` allant de 0 à `nbpos-1`.

- Le troisième tableau contient `nbneg` valeurs qui définissent la partie utile du tableau. L'affichage de ces valeurs se fait avec l'instruction `for(...)...` La variable utilisée est `k` pour `k` allant de 0 à `nbneg-1`.

Conclusion

Utiliser un ou plusieurs tableaux dans un programme nécessite quelques précautions :

- Lors de la déclaration d'un tableau, il faut déclarer le type des cases du tableau, mais aussi la taille du tableau qui doit être une constante. Si le problème nécessite plusieurs tableaux, il est conseillé de les déclarer tous au début du programme.

- Lors de la rédaction d'un programme, n'oubliez pas que les variables d'un tableau sont numérotées à partir de 0. Un décalage intervient donc en permanence entre le ième terme d'un tableau et sa numérotation.

- Lors de l'exécution d'un programme, il existe des cas où un tableau n'est pas utilisé dans sa totalité. Il faut bien gérer alors la partie utile, en connaissant les cases dans lesquelles figure une valeur. Souvent, la partie utile est construite pour `n` valeurs, numérotées de 0 à `n-1`.

- Les traitements étudient dans de nombreux cas toutes les valeurs placées dans les cases d'un tableau : soit en examinant la totalité des cases d'un tableau lorsqu'il est totalement utilisé, soit en examinant uniquement sa partie utile. Mais il existe de nombreux problèmes où il n'est pas nécessaire d'étudier toutes ces valeurs : dans ce cas, dès que l'on sait que le problème posé est résolu, il est préférable d'interrompre l'étude systématique de toutes les valeurs. Nous étudions cette possibilité au Chapitre 9.

Chapitre 9

Etude des valeurs des tableaux

Au sommaire de ce chapitre

- Trois versions pour un premier exemple
- Autres exemples
- Conclusion

Au cours du chapitre précédent, nous avons présenté la notion de tableau et étudié plusieurs exemples. Dans tous les cas, nous avons formulé des instructions de répétition for(...)... qui ont examiné toutes les valeurs placées dans des tableaux de données, de la première à la dernière.

Il existe d'autres cas où l'examen de toutes les valeurs d'un tableau n'est pas indispensable. Ainsi par exemple, si nous voulons savoir si les salaires mensuels d'une personne sont tous supérieurs à un seuil donné, nous pouvons conclure par "non" dès que nous constatons qu'un salaire est inférieur à la valeur du seuil. L'examen des autres salaires devient alors inutile.

Ce chapitre est consacré à l'étude des cas où il n'est pas nécessaire d'examiner systématiquement toutes les valeurs d'un tableau de données. Nous présenterons d'abord un exemple typique avec plusieurs versions, puis détaillerons d'autres exemples.

Trois versions pour un premier exemple

Considérons vingt nombres tirés au hasard dont les valeurs sont enregistrées dans un tableau structuré par vingt cases mémoire. Soit une valeur (dite de seuil) fournie par l'utilisateur. Le problème est alors de répondre par oui ou non à la question : "Tous les nombres du tableau ont-ils une valeur supérieure au seuil ?".

Etudier ce problème revient à déterminer si toutes les valeurs du tableau satisfont la propriété "tous les nombres du tableau ont une valeur supérieure au seuil". Or, lorsque le problème est formulé ainsi, avec l'énoncé d'une propriété, il peut être résolu sans examiner toutes les valeurs du tableau. En effet, dès que l'on constate qu'une valeur ne satisfait pas la propriété, il est possible de conclure que toutes les valeurs du tableau ne satisfont pas la propriété. Dans ce cas, il est inutile de poursuivre l'examen des autres valeurs et il faut alors interrompre le traitement répétitif en cours.

Pour aboutir à une rédaction correcte, il est nécessaire de ne pas utiliser la formulation `for(...)`... mais de choisir la syntaxe `while...` (ou `do...while...`). Pour comprendre la procédure à suivre, nous proposons trois versions :

- **Version n°1 :** L'étude des nombres du tableau est faite pour tous les nombres, comme précédemment, du premier au dernier. Cette première version n'est donc pas celle que nous garderons comme référence.

- **Version n°2 :** L'étude des nombres est faite avec l'aide d'une variable supplémentaire qui permet de décider si l'on doit continuer l'examen des nombres. Dès que la propriété n'est pas satisfaite, le programme interrompt l'étude des nombres.

- **Version n°3 :** L'étude des nombres se déroule tant que la propriété reste vraie. Dès que la propriété n'est pas satisfaite, le programme arrête d'examiner les nombres du tableau.

Les deux dernières versions nous serviront de référence. Elles sont très proches mais exigent un peu d'attention pour être utilisées correctement.

Voici les trois formulations possibles pour l'exemple étudié.

Première version

Le programme est conçu avec les variables suivantes :

- La variable tab définit le tableau des vingt nombres. Celui-ci est créé en mémoire par l'instruction tab=new int[20];.

- La variable i désigne la ième variable du tableau des nombres et sert à compter le nombre de répétitions.

- La variable val sert à enregistrer la valeur du seuil qui est donnée par l'utilisateur.

- La variable nbsup sert à compter la quantité de nombres supérieurs à la valeur de val.

Pour chaque valeur de i allant de 0 à 19, nous allons vérifier si la valeur du ième nombre est supérieure à val. Si c'est le cas, nbsup est augmenté de 1. La variable nbsup est donc introduite pour compter la quantité de nombres supérieurs à val.

Le programme est alors le suivant :

Listing 9.1 : `toussup1.java` — Examen de toutes les valeurs du tableau

```
1: public class toussup1
2: {public static void main(String args[])
3:    {int [] tab;
4:     tab=new int[20];
5:     int i,val,nbsup;
6:     for(i=0;i<20;i++)
7:       tab[i]=(int)(Math.random()*100);
```

```
 8:      val=Saisie.lire_int("donne la valeur du
         seuil : ");
 9:
10:      nbsup=0;
11:      for(i=0;i<20;i++)
12:        if (tab[i]>val) nbsup=nbsup+1;
13:
14:      if (nbsup==20) System.out.print("les nombres
         sont tous superieurs a "+val);
15:      else System.out.print("les nombres ne sont
         pas tous superieurs a "+val);
16:      System.out.println(" car le tirage est le
         suivant :");
17:      for(i=0;i<20;i++)
18:        System.out.print(tab[i]+"  ");
19:      System.out.println();
20:    }
21: }
```

Le programme est structuré en trois parties :

- **Lignes 6 à 8**. Les vingt variables tab[i] prennent les valeurs entières issues du tirage au hasard, et la variable val prend la valeur donnée par l'utilisateur.

- **Lignes 10 à 12**. Après l'initialisation à 0 de la variable nbsup, la répétition for(...)... examine vingt fois de suite si la condition (tab[i]>val) est vraie. Lorsque c'est le cas, nbsup est augmenté de 1. Au terme de l'exécution de l'instruction de répétition, nbsup vaut 20 si tous les nombres sont supérieurs au seuil

- **Lignes 14 à 19**. L'instruction conditionnelle examine si la condition (nbsup==20) est vraie. L'affichage des résultats est fonction du résultat de cet examen.

Ce programme étudie toutes les valeurs du tableau de nombres. Il le fait systématiquement avec l'instruction for(...)... Ce n'est qu'au terme de cette étude qu'il peut conclure si la propriété est vraie. Mais ce programme n'est pas la meilleure solution au problème posé. Il vaut mieux procéder selon les deux versions suivantes.

Deuxième version

La deuxième version est conçue avec plusieurs variables déjà présentes dans la première version : tab est la variable qui définit le tableau de nombres, i est la variable qui désigne la ième case du tableau, et val la variable qui enregistre la valeur du seuil donnée par l'utilisateur. Mais, au lieu d'utiliser la variable nbsup, nous introduisons une autre variable appelée prop.

Rôle de la variable *prop*

La variable prop représente la propriété étudiée dont la formulation est "tous les nombres du tableau ont une valeur supérieure au seuil". Par convention, la variable prop vaut 1 lorsque nous voulons signifier que la propriété est vraie, et 0 lorsque nous voulons indiquer que la propriété est fausse.

La démarche est alors la suivante : la propriété est donnée comme vraie au départ et dès que l'on constate qu'elle est fausse, il faut arrêter l'étude des nombres du tableau. La variable prop est donc initialisée à 1. Puis, lorsque l'on vérifie qu'un nombre tab[i] est inférieur au seuil, la propriété étudiée est fausse et la variable prop est mise à 0. Mais dès que prop a pris la valeur 0, l'examen des autres nombres du tableau n'est plus nécessaire puisque nous savons que la propriété étudiée n'est pas satisfaite. Comment stopper alors la répétition en cours ? En étant capable de rendre fausse la condition logique qui structure la définition de l'instruction de répétition, car nous savons que le programme met fin à l'exécution de l'instruction de répétition dès que sa condition n'est plus vraie.

Instruction de répétition

Afin de bien formuler l'instruction de répétition, il est nécessaire d'utiliser l'instruction while... pour écrire le programme car la formulation for(...)... interdit de moduler le nombre de répétitions selon les cas.

Voici la formulation retenue qui introduit la variable prop dans la
condition de la répétition while... :

```
prop=1;
i=0;
while(i<20 && prop==1)
  {if (tab[i]<=val) prop=0;
   i=i+1;}
```

Son exécution permet d'abord d'initialiser la variable prop à 1 et la
variable i à 0. Puis, lors de la première exécution de l'instruction
while..., l'interpréteur Java examine si la condition (i<20 &&
prop==1) est vraie. Comme c'est le cas, il y a exécution des deux
instructions du bloc d'instructions. La première instruction est
une instruction conditionnelle. Si sa condition (tab[0]<=val) est
vraie, prop prend la valeur 0. Mais si le nombre tab[0] est supérieur à val, aucune instruction n'est exécutée puisque else... ne
figure pas dans l'instruction conditionnelle. prop conserve alors sa
valeur initiale 1. Puis i augmente de 1.

Au tour suivant, i vaut 1 et l'interpréteur Java examine à nouveau la
condition de l'instruction while... Si prop vaut encore 1, la condition (i<20 && prop==1) est toujours vraie, et le programme
exécute les deux instructions du bloc d'instructions. Par contre, si
prop vaut 0, la seconde partie de la condition est fausse, et cela rend
fausse la condition globale de l'instruction while... Dans ce cas,
l'exécution de l'instruction de répétition est arrêtée, et l'examen des
autres valeurs du tableau n'a pas lieu.

Si nous sommes dans la situation où les premières valeurs du
tableau sont toutes supérieures au seuil, la variable prop a conservé
sa valeur initiale 1. Lors de l'examen de la ième valeur du tableau, la
condition (i<20 && prop==1) est vraie, et le bloc d'instructions est
exécuté. Deux cas se présentent alors comme précédemment : soit
la condition (tab[i]<=val) est vraie, et prop est mise à 0, soit
elle est fausse, et prop garde sa valeur initiale 1. Dans le premier
cas, il y a arrêt de l'exécution de l'instruction de répétition car sa
condition est devenue fausse ; dans l'autre, la répétition continue.

La variable prop est ainsi au centre de cette version. Elle permet de moduler le nombre de répétitions selon les valeurs en présence.

Présentation du programme

Le texte du programme est le suivant :

Listing 9.2 : `toussup2.java` — Version n°2 : étude des nombres AVEC la variable `prop`

```
 1: public class toussup2
 2: {public static void main(String args[])
 3:    {int [] tab;
 4:     tab=new int[20];
 5:     int i,val,prop;
 6:     for(i=0;i<20;i++)
 7:       tab[i]=(int)(Math.random()*100);
 8:     val=Saisie.lire_int("donne la valeur du
          seuil : ");
 9:
10:     prop=1;
11:     i=0;
12:     while(i<20 && prop==1)
13:       {if (tab[i]<=val) prop=0;
14:        i=i+1;}
15:
16:     if (prop==1) System.out.print("les nombres
          sont tous superieurs a "+val);
17:     else System.out.print("les nombres ne sont
          pas tous superieurs a "+val);
18:     System.out.println(" car le tirage est le
          suivant :");
19:     for(i=0;i<20;i++)
20:       System.out.print(tab[i]+"   ");
21:     System.out.println();
22:    }
23: }
```

Le programme est structuré en trois parties :

- **Lignes 6 à 8**. Les vingt variables `tab[i]` prennent les valeurs entières issues du tirage au hasard, et la variable `val` prend la valeur donnée par l'utilisateur.
- **Lignes 10 à 14**. La variable `prop` est initialisée à 1. Puis, l'instruction de répétition `while...` s'exécute un nombre variable de fois. Dès que `tab[i]` est inférieure ou égale à la valeur de `val`, `prop` est mise à 0. Cette valeur rend fausse la condition de `while...` et l'exécution de l'instruction de répétition est arrêtée. Mais si tous les nombres `tab[i]` sont supérieurs à `val`, la variable `prop` conserve sa valeur initiale 1. Au terme de l'exécution de l'instruction de répétition, la valeur de la variable `prop` indique si tous les nombres du tableau sont supérieurs au seuil.
- **Lignes 16 à 21**. La condition de l'instruction conditionnelle porte sur la valeur de la variable `prop`. Si `(prop==1)` est vraie, tous les nombres du tableau sont supérieurs au seuil. Dans le cas contraire, ils ne sont pas tous supérieurs à la valeur du seuil.

Cette version présente toutes les qualités recherchées. Elle constitue une solution type qui nécessite l'introduction d'une variable que nous avons appelée `prop` et qui représente la propriété étudiée. Il faut initialiser correctement cette variable et rédiger l'instruction de répétition `while...` comme nous l'avons proposé. Certaines variantes non maîtrisées conduiront à des redondances ou à des maladresses. Nous vous invitons à rester fidèles à cette solution.

Ne commettez pas d'erreur. Supposons que nous ayons oublié de placer l'instruction `i=i+1;` dans le bloc en écrivant :

```
12:    while(i<20 && prop==1)
13:        {if (tab[i]<=val) prop=0;}
```

Dans ce cas, si `tab[0]` est supérieure à `val`, `prop` garde sa valeur initiale 1 et l'interpréteur examine à nouveau la valeur de la condition de l'instruction `while...` Comme `i` n'a pas changé puisque `i=i+1;` n'a pas été exécutée et que `prop` vaut toujours 1, la

condition (**i<20 && prop==1**) est vraie et l'instruction **while...** s'exécute à nouveau sans provoquer le moindre changement dans l'état des variables. Dans ces conditions, jamais la condition de **while...** ne sera fausse. L'instruction de répétition **while...** ne peut donc pas s'arrêter. Nous obtenons alors un "programme qui boucle !", la pire des situations pour un programmeur.

Troisième version

Une autre version peut être réalisée. Elle propose elle aussi d'arrêter l'exécution de la répétition dès que la propriété à vérifier est fausse. A la différence de la version précédente, elle n'introduit pas de variable **prop**.

Cette version est conçue en introduisant dans la condition de l'instruction **while...** une expression qui traduit directement la propriété étudiée. Elle met en forme le raisonnement suivant : tant que la propriété étudiée est vraie, "il faut continuer l'étude" ; dès que l'on constate que la propriété est fausse, il faut l'arrêter.

Présentation

Les variables du programme sont les suivantes : **tab** est la variable de type tableau qui définit le tableau de vingt nombres, **i** la variable qui désigne la ième case du tableau, et **val** la variable qui sert à enregistrer la valeur du seuil saisie au clavier par l'utilisateur.

La répétition **while...** est alors définie en introduisant l'expression **tab[i]>val** dans la condition. Cette expression est la traduction algébrique pour le ième terme de la propriété étudiée "tous les nombres du tableau ont une valeur supérieure à val". Voici cette solution :

```
i=0;
while(i<20 && tab[i]>val)
    i=i+1;
```

Formulée ainsi, la répétition peut se lire : "tant que i<20 est vraie et que tab[i]>val est vraie, alors exécuter i=i+1". Elle signifie que tant qu'il reste un nombre i à étudier et que ce nombre est supérieur à val, "il faut continuer l'étude". Pour cela, il suffit d'augmenter i de 1, puisqu'au tour suivant l'interpréteur vérifie à nouveau si la condition est vraie. Si pour le nouvel i étudié, i<20 est vraie et tab[i]>val est vraie, cela signifie que le nouveau nombre étudié confirme la propriété et qu'il faut encore poursuivre l'étude en examinant le nombre suivant, ce qui est rendu possible en effectuant à nouveau i=i+1;. Mais dès que tab[i]>val est fausse, la condition (i<20 && tab[i]>val) devient fausse et l'exécution de l'instruction de répétition est arrêtée.

Lorsque la répétition while... a terminé son exécution, la variable i possède une certaine valeur. Si i vaut 20, cela signifie que tous les nombres du tableau ont été étudiés et qu'ils ont tous confirmé que tab[i]>val est vraie ; par contre si i n'atteint pas la valeur 20, cela signifie que la dernière valeur de tab[i] a été inférieure ou égale à val et que la répétition a été interrompue avant de parvenir au dernier nombre.

Le programme

Voici le texte du programme correspondant :

Listing 9.3 : `toussup3.java` — Version n°3 : étude des nombres SANS la variable `prop`

```
 1: public class toussup3
 2: {public static void main(String args[])
 3:    {int [] tab;
 4:     tab=new int[20];
 5:     int i,val;
 6:     for(i=0;i<20;i++)
 7:       tab[i]=(int)(Math.random()*100);
 8:     val=Saisie.lire_int("donne la valeur du
       seuil : ");
 9:
10:     i=0;
```

```
11:     while(i<20 && tab[i]>val)
12:         i=i+1;
13:
14:     if (i==20) System.out.print("les nombres
        sont superieurs a "+val);
15:     else System.out.print("les nombres ne sont
        pas tous superieurs a "+val);
16:     System.out.println(" car le tirage est le
        suivant :");
17:     for(i=0;i<20;i++)
18:       System.out.print(tab[i]+"  ");
19:     System.out.println();
20:   }
21: }
```

Le programme est composé de trois parties :

- **Lignes 6 à 8**. Les vingt variables tab[i] prennent les valeurs entières issues du tirage au hasard, et la variable val la valeur donnée par l'utilisateur.

- **Lignes 10 à 12**. La répétition while... est exécutée tant que les deux parties de la condition restent vraies. Lorsque c'est le cas, l'instruction while... exécute l'unique instruction dont elle a la charge : i=i+1;. i est ainsi augmentée de 1 pour passer à l'examen du nombre suivant. Au terme de l'exécution de l'instruction while..., i possède une certaine valeur.

- **Lignes 14 à 20**. La condition de l'instruction conditionnelle porte sur la valeur de la variable i. Si i vaut 20, tous les nombres du tableau ont été examinés et vérifient la propriété tab[i]>val. Le programme affiche alors que tous les nombres sont supérieurs à la valeur du seuil. Dans le cas contraire, i est inférieur à 20 car la répétition while... a été interrompue dès que l'un des nombres a contredit la propriété étudiée. Le programme affiche alors que tous les nombres ne sont pas supérieurs à la valeur du seuil.

Utilisation de cette version

Cette version est aussi performante que la deuxième version puisque l'instruction de répétition `while...` s'exécute le nombre de fois nécessaire.

Mais attention, supposons que tous les premiers nombres soient supérieurs à la valeur de seuil et que le programme étudie alors le dernier nombre donné par `tab[19]`. Si `tab[19]>val` est vraie, l'ensemble de la condition est vraie et l'instruction `while...` exécute l'affectation `i=i+1;`. `i` prend alors la valeur 20. Puis l'interpréteur Java étudie à nouveau la condition de `while...` Celle-ci devient : (`20<20 && tab[20]>val`). Or, `tab[20]` est une variable qui n'existe pas puisque les variables sont numérotées de 0 à 19. Le problème est que si l'interpréteur devait examiner cette variable, il ne le pourrait pas, ce qui provoquerait une erreur d'exécution et la fin inattendue de l'exécution du programme.

Dans l'exemple présenté, il existe un risque de dépasser les limites du tableau lorsque tous les nombres satisfont la propriété : à ce titre, la solution proposée n'est pas correcte.

En fait, les deux parties de la condition de l'instruction `while...` sont analysées l'une après l'autre. L'interpréteur examine d'abord la première partie. Comme l'inégalité `20<20` est fausse, l'interpréteur Java conclut que l'ensemble de la condition est fausse puisque l'opérateur logique est `&&`. Il arrête alors l'examen de la condition. Ainsi, bien que la variable `tab[20]` n'existe pas, cela n'a pas de conséquence car cette variable n'est pas examinée.

Par contre, si l'on avait formulé la condition en inversant l'ordre des termes, c'est-à-dire en écrivant (`tab[i]>val && i<20`), l'exécution du programme aurait débouché sur une erreur d'exécution car l'examen de la première expression `tab[i]>val` n'aurait pu se faire.

Il est donc possible de rédiger pour cet exemple un programme qui s'exécute correctement, à condition de prendre toutes les précautions dans l'ordre d'écriture des termes.

Conclusion

Les trois versions présentent des qualités différentes :

- La version n°1 étudie dans tous les cas l'ensemble des valeurs du tableau. Elle est toujours opérationnelle mais n'est pas très performante car elle exige de parcourir la totalité du tableau, quelles que soient les données.

- La version n°2 est conçue avec la variable prop. Elle est opérationnelle dans tous les cas et conduit à des exécutions performantes car elle possède la capacité de stopper l'étude dès que la propriété étudiée n'est pas satisfaite. C'est la version de référence à utiliser.

- La version n°3 module l'exécution en vérifiant si la propriété est encore vraie pour le ième terme étudié. Elle donne lieu à des exécutions performantes, à condition d'avoir écrit correctement la condition de while... Cette version n'est donc pas recommandée car elle ne constitue pas une solution générale. Mais il existe des situations où cette troisième version est adaptée : il s'agit des cas où la dernière valeur de i étudiée définit une valeur du tableau.

Autres exemples

Nous présentons trois autres exemples : les deux premiers sont conçus avec la version n°2, le troisième avec la version n°3.

Une valeur figure-t-elle dans un tableau ?

Le premier exemple consiste à rechercher une valeur dans une série de valeurs. Nous posons le problème de la façon suivante : soit un tableau de vingt nombres entiers dont les valeurs sont tirées au hasard, et soit une valeur numérique donnée par l'utilisateur. Cette valeur fait-elle partie des nombres du tableau ?

La démarche

Ce problème revient à déterminer si la propriété "la valeur recherchée figure dans le tableau des nombres" est vraie. Pour résoudre ce problème, il est nécessaire d'étudier les nombres du tableau à partir du premier élément afin de tester si le ième nombre du tableau est égal à la valeur donnée par l'utilisateur. Il faut continuer l'étude tant que la propriété n'est pas satisfaite, c'est-à-dire tant que le ième nombre du tableau n'est pas égal à la valeur recherchée. Dès que le ième nombre est égal à la valeur recherchée, il faut arrêter l'étude des nombres du tableau.

Pour résoudre ce problème, nous choisissons la version n°2 car nous préférons mettre en forme une solution générale qui évite d'aller au-delà des limites du tableau. Nous introduisons donc la variable prop qui représente la propriété étudiée.

La démarche est la suivante : la propriété est donnée comme fausse au départ. Dès que l'on constate qu'elle est vraie (lorsque le ième nombre est égal à la valeur recherchée), il faut arrêter l'étude des nombres du tableau. La variable prop est donc initialisée à 0. Et lors de la répétition, dès que le ième nombre du tableau est égal à la valeur recherchée, la variable prop est mise à 1.

Dans cet exemple, nous supposons au début de l'étude que la propriété est fausse en attribuant la valeur 0 à la variable prop. Puis, dès que la propriété est vérifiée, nous donnons la valeur 1 à la variable prop.

Cette construction est différente de celle de l'exemple précédent. Dans ce cas, nous avons supposé au départ que la propriété était vraie en initialisant prop à 1. Dès que la propriété a été démentie, nous avons mis la variable prop à 0.

Cette inversion est due au fait que la propriété de l'exemple précédent concerne TOUS les nombres du tableau alors que dans l'exemple traité ici, la propriété concerne un seul nombre du tableau.

Voici le texte du programme qui correspond à cette analyse :

Listing 9.4 : `rechval.java` — Recherche d'une valeur dans un tableau de nombres

```
 1: public class rechval
 2: {public static void main(String args[])
 3:    {int[] tab;
 4:     tab=new int[20];
 5:     int i,val,prop;
 6:     for(i=0;i<20;i++)
 7:        tab[i]=(int)(Math.random()*20);
 8:     val=Saisie.lire_int("donne la valeur
        recherchee : ");
 9:
10:     i=0;
11:     prop=0;
12:     while(i<20 && prop==0)
13:       {if (tab[i]==val)prop=1;
14:        i=i+1;}
15:
16:     if (prop==1) System.out.print(val+" figure
        dans le tableau a la position "+(i-1));
17:     else System.out.print(val+" ne figure pas
        dans le tableau");
18:     System.out.println(" car le tirage est le
        suivant :");
19:     for(i=0;i<20;i++)
20:       System.out.print(tab[i]+"  ");
21:     System.out.println();
22:    }
23: }
```

Présentation du programme

Le programme est construit avec les variables suivantes :

* La variable tab définit un tableau de vingt nombres entiers.

* La variable i désigne le ième nombre du tableau et permet de compter le nombre de répétitions.

- La variable val enregistre la valeur recherchée par l'utilisateur.

- La variable prop permet de déterminer si la propriété étudiée est satisfaite.

Le programme est structuré en trois parties :

- **Lignes 6 à 8**. Les vingt variables tab[i] prennent les valeurs entières issues du tirage au hasard (toutes comprises entre 0 et 19). Puis la variable val prend la valeur donnée par l'utilisateur : celle qui est recherchée dans le tableau.

- **Lignes 10 à 14**. Le programme examine si un nombre du tableau est égal à la valeur val à l'aide du code suivant :

```
10:     i=0;
11:     prop=0;
12:     while(i<20 && prop==0)
13:        {if (tab[i]==val)prop=1;
14:          i=i+1;}
```

La variable prop est initialisée à 0. Cette valeur signifie que la propriété étudiée "la valeur recherchée figure dans le tableau des nombres" est considérée comme fausse *a priori*. Puis l'instruction while... est exécutée plusieurs fois de suite, tant que la variable prop n'est pas modifiée. Mais dès que la condition (tab[i]==val) est vraie, la variable prop prend la valeur de 1 et rend ainsi la condition de while... fausse. La valeur prop=1 signifie alors que la propriété est vérifiée. Lorsque c'est le cas, l'exécution de l'instruction while... est interrompue, et les autres nombres du tableau ne sont pas étudiés.

- **Lignes 16 à 21**. L'instruction conditionnelle examine la valeur de la variable prop. Si elle est égale à 1, le programme indique que la valeur val a été trouvée dans le tableau. Sinon, il indique que ce n'est pas le cas. Lorsque la valeur val a été trouvée, le programme donne sa position dans le tableau. Cette valeur est fournie par (i-1) car i augmente de 1 dans tous les cas, même après que prop a pris la valeur 1.

Le programme parcourt le tableau de nombres depuis la case 0 et arrête la recherche de val dès qu'il vérifie que cette valeur appartient au tableau. Il ne fournit aucune information sur la partie non étudiée du tableau. Ainsi, il est possible que la valeur val soit présente à nouveau dans le reste du tableau.

Le programme proposé recherche uniquement la première valeur val dans le tableau. Si vous voulez rechercher toutes les valeurs val dans le tableau, l'écriture d'un autre programme est nécessaire.

Y a-t-il au moins trois valeurs successives égales ?

Le deuxième exemple propose d'étudier une suite de nombres dont les valeurs figurent dans un tableau pour déterminer s'il existe au moins trois valeurs successives égales. Nous devons vérifier si la propriété suivante est vraie : "il y a trois valeurs successives égales dans le tableau de nombres".

Nous proposons un programme rédigé selon la version n°2. Comme dans le cas précédent, nous supposons au départ que la propriété est fausse en initialisant la variable prop à 0, puis dès que la propriété est vérifiée, nous donnons à prop la valeur 1.

Voici le texte du programme :

Listing 9.5 : etudenbs1.java — Y a-t-il au moins trois valeurs successives égales ?

```
 1: public class etudenbs1
 2: {public static void main(String args[])
 3:    {int [] tab;
 4:     tab=new int[50];
 5:     int i,prop;
 6:     for(i=0;i<50;i++)
 7:        tab[i]=(int)(Math.random()*10);
 8:
 9:     i=2;
10:     prop=0;
11:     while(i<50 && prop==0)
```

```
12:         {if (tab[i-2]==tab[i-1] &&
           tab[i-1]==tab[i]) prop=1;
13:          i=i+1;}
14:
15:     if (prop==1) System.out.print("il y a 3
        valeurs successives egales a partir de la
        position "+(i-3));
16:     else System.out.print("il n'y a pas 3
        valeurs successives egales");
17:     System.out.println(" car le tirage est le
        suivant :");
18:     for(i=0;i<50;i++)
19:       System.out.print(tab[i]+" ");
20:     System.out.println();
21:   }
22: }
```

Présentation du programme

Le programme est construit avec les variables suivantes :

- La variable tab définit un tableau de cinquante nombres entiers.

- La variable i désigne le ième nombre du tableau et permet de compter le nombre de répétitions.

- La variable prop permet de déterminer si la propriété étudiée est satisfaite.

Le programme est structuré en trois parties :

- **Lignes 6 et 7**. Les cinquante variables tab[i] prennent les valeurs entières issues du tirage au hasard (toutes comprises entre 0 et 9).

- **Lignes 9 à 13**. Le programme effectue la recherche de trois valeurs successives égales de la façon suivante :

```
9:      i=2;
10:     prop=0;
11:     while(i<50 && prop==0)
12:       {if (tab[i-2]==tab[i-1] &&
          tab[i-1]==tab[i]) prop=1;
13:        i=i+1;}
```

La variable prop est initialisée à 0. Elle signifie que la propriété étudiée "il y a trois valeurs successives égales dans le tableau des nombres" est considérée comme fausse *a priori*. Puis l'instruction while... est exécutée plusieurs fois de suite, tant que la variable prop n'est pas modifiée.

Cette variable est modifiée lorsque la propriété recherchée est vraie. Celle-ci est formulée à partir des valeurs tab[i-2], tab[i-1] et tab[i] car ces trois variables définissent trois cases successives du tableau pour une valeur i donnée. Lorsque la condition (tab[i-2]==tab[i-1] && tab[i-1]==tab[i]) est vraie, il y a bien trois valeurs successives égales. Il faut alors modifier la valeur de la variable prop. Dans ce cas, la condition de l'instruction while... devient fausse et l'exécution de l'instruction de répétition est interrompue.

Pour que la première exécution de while... se déroule correctement, nous devons initialiser i à 2 car cela permet de comparer correctement tab[0], tab[1] et tab[2].

- **Lignes 15 à 20**. L'instruction conditionnelle examine la valeur de la variable prop à la suite de l'exécution de l'instruction while... Si (prop==1) est vraie, la propriété recherchée a été satisfaite et le programme affiche à l'écran qu'il y a trois valeurs successives égales. Sinon, il indique que ce n'est pas le cas. Lorsque la réponse est positive, le programme donne la position de la première valeur des trois nombres égaux. Cette valeur est fournie par (i-3).

Un mot est-il un palindrome ?

Le troisième exemple consiste à déterminer si un mot est un palindrome. "LAVAL" est un palindrome par exemple. En effet, cette suite de lettres forme le même mot, lue de gauche à droite ou de droite à gauche.

La démarche

La démarche que nous suivrons pour résoudre ce problème est schématisée à la Figure 9.1.

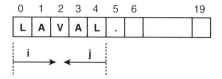

Figure 9.1 : Etude du mot "LAVAL".

Nous allons créer un tableau de vingt caractères où chaque case sera de type char. Ce tableau sera défini avec la variable tabch. Puis nous devrons saisir un mot, caractère par caractère, chaque caractère prenant place dans une case du tableau. Enfin, nous terminerons la saisie par un point.

Pour qu'un mot soit un palindrome, il faut nécessairement que sa première lettre soit identique à la dernière, que la deuxième soit égale à l'avant-dernière etc., ceci pour tous les couples de lettres du mot. Il faut donc comparer les deux lettres de chaque couple de lettres.

Voici la méthode à suivre : soit i le numéro de la lettre en partant du début du mot, et j le numéro de la lettre en partant de la fin du mot. Il faut comparer tabch[i] et tabch[j]. Si les valeurs tabch[i] et tabch[j] ne sont pas égales, il faut arrêter le traitement car dans ce cas, le mot ne peut être un palindrome. Par contre, si les valeurs de ces deux variables sont égales, il faut poursuivre l'étude et examiner le couple de lettres suivant : il faut alors augmenter i de 1 et diminuer j de 1. Puis, à nouveau, il faut comparer tabch[i] et tabch[j]. Comme précédemment, deux cas se présentent. Selon la situation, il convient d'arrêter l'examen des lettres du mot ou de continuer.

180

Lors de cette étude, il n'y a pas de risque d'aller au-delà des limites
du tableau lorsque i<j reste vraie car tabch[i] et tabch[j] font
alors partie du tableau. Nous rédigerons donc le programme en nous
inspirant de la version n°3.

Voici le texte du programme :

Listing 9.6 : `palin.java` — Un mot est-il un palindrome ?

```
 1: public class palin
 2: {public static void main(String args[])
 3:    {char[] tabch;
 4:     tabch=new char[20];
 5:     int i,j,k,nblettres;
 6:
 7:     System.out.println("donne les caracteres un
        a un et termine par un point :");
 8:     i=0;
 9:     do {tabch[i]=Saisie.lire_char();
10:         i=i+1;}
11:     while (tabch[i-1]!='.' && i<20);
12:     nblettres=i-1;
13:
14:     i=0;
15:     j=nblettres-1;
16:     while (i<j && tabch[i]==tabch[j])
17:        {i=i+1;
18:         j=j-1;}
19:
20:     for(k=0;k<nblettres;k++)
21:       System.out.print(tabch[k]);
22:     if (i==j || i==j+1) System.out.println("
        est un palindrome");
23:     else System.out.println(" n'est pas un
        palindrome");
24:    }
25: }
```

Présentation du programme

Le programme a été conçu à l'aide des variables suivantes :

- La variable `tabch` permet de créer un tableau de vingt caractères.

- Les variables `i`, `j` et `k` servent à désigner un numéro de case mémoire du tableau de caractères.

- La variable `nblettres` sert à mémoriser le nombre de lettres qui constituent le mot étudié.

Le programme est organisé en trois parties successives :

- **Lignes 7 à 12 : saisie des lettres qui composent le mot à étudier**. La saisie est structurée par la répétition `do...while...` Elle exige de donner les caractères les uns après les autres, en validant chacun d'eux avant de fournir le suivant. Elle s'arrête dès que l'utilisateur saisit un "." car l'expression `tabch[i-1]!='.'` devient fausse et rend fausse l'ensemble de la condition de `while...` Lorsque la répétition est terminée, `nblettres` enregistre le nombre de lettres qui constituent le mot.

- **Lignes 14 à 18 : étude du mot**. `i` est initialisée à 0 qui est le numéro de la première case. `j` est initialisée à `nblettres-1`, le numéro de la dernière case du mot. Puis, tant que la condition (`i<j && tabch[i]==tabch[j]`) est vraie, la valeur de `i` est augmentée de 1 et celle de `j` diminuée de 1. Lorsque `tabch[i]` n'est pas égale à `tabch[j]`, le mot n'est pas un palindrome et la condition de `while...` devient fausse. La répétition arrête alors son exécution. Dans ce cas, `i` est inférieur à `j` à la fin de l'exécution de la répétition. Lorsque `tab[i]` est égale à `tab[j]`, l'étude se poursuit.

  Si cette égalité `tab[i]==tab[j]` est toujours vérifiée, deux cas se présentent :

  – Lorsque le nombre de lettres du mot est impair comme pour "LAVAL", la dernière comparaison qui concerne la lettre 'V' devrait être faite pour `i=j`. Mais dans ce cas, la condition `i<j` est fausse et l'ensemble de la condition de `while...` devient fausse. Au sortir de la répétition, `i` vaut `j`.

- Lorsque le nombre de lettres du mot est pair comme pour "ABCCBA", la dernière comparaison concerne la lettre C. Lorsqu'elle est effectuée, i augmente de 1 et j diminue de 1. i vaut alors j+1 et l'ensemble de la condition de while... devient fausse, comme précédemment. Au sortir de la répétition, i vaut j+1.

- **Lignes 20 à 23. Affichage du résultat**. Le programme affiche d'abord les lettres du mot, puis il examine les valeurs respectives de i et de j. Or, le mot est un palindrome lorsque i vaut j ou lorsque i vaut j+1. D'où le test : si (i==j || i==j+1) est vraie, le mot est un palindrome. Sinon, le mot n'est pas un palindrome.

Conclusion

Des choix s'imposent lors de la rédaction des programmes. Il existe deux méthodes performantes pour vérifier si une propriété est satisfaite par un ensemble de valeurs mémorisées dans un tableau :

- La première est donnée par la version n°2 présentée au début du chapitre. Il faut introduire une variable appelée prop qui représente la propriété étudiée. Cette variable est initialisée. Dès que l'initialisation est contredite lors de l'examen des valeurs du tableau, le programme met fin à l'étude des autres valeurs du tableau.

- La seconde est formulée par la version n°3. Elle est définie pour développer la répétition de la manière suivante : "tant que la condition de l'instruction while... est vérifiée, il faut continuer l'étude en passant à l'examen de la valeur suivante". Mais cette méthode peut conduire à des erreurs d'exécution si le programme va au-delà des limites du tableau lors de son exécution.

Pour rédiger de tels programmes, un examen précis du contenu de la propriété étudiée est nécessaire :

- Si la propriété est vraie lorsque toutes les valeurs du tableau respectent une condition donnée, il faut supposer au départ que la propriété est vraie et interrompre l'étude dès que l'on vérifie qu'une valeur du tableau contredit la propriété (les programmes donnés par les Listing 9.2, 9.3 et 9.6 illustrent ce cas).

- Si la propriété est vraie lorsque seulement une valeur du tableau (ou plusieurs) satisfait une condition donnée, il faut supposer au départ que la propriété est fausse et arrêter l'exécution de l'instruction de répétition dès que l'on vérifie qu'une valeur du tableau (ou plusieurs) satisfait la propriété recherchée (les programmes donnés par les Listings 9.4 et 9.5 illustrent ce cas).

Dans tous les cas, ces programmes demandent un peu d'attention si vous voulez qu'ils soient bien conçus.

Chapitre 10

Répétitions imbriquées

Au sommaire de ce chapitre

- Présentation
- Etude des nombres parfaits
- Exemple de tri
- Les tableaux de données à deux dimensions

Nous avons présenté l'instruction de répétition au Chapitre 6 avec les trois syntaxes du langage Java : while..., do...while... et for(...)... Ainsi, vous pouvez répéter n fois un traitement informatique dont les instructions successives sont rassemblées dans un bloc d'instructions. Une telle répétition est également appelée boucle.

Mais, pour résoudre de nombreux problèmes, il est souvent nécessaire d'introduire des instructions de répétitions imbriquées les unes dans les autres. Ainsi, nous aurons des répétitions dans une instruction de répétition (appelée double boucle) et des répétitions de répétitions dans une instruction de répétition (appelée triple boucle).

Nous présentons dans ce chapitre les instructions de répétitions imbriquées en précisant leur syntaxe et leur utilisation, puis en détaillant plusieurs applications. Nous indiquons aussi comment étudier les tableaux à deux dimensions avec les instructions de répétitions imbriquées.

Présentation

Les instructions de répétitions imbriquées permettent de réaliser des traitements informatiques qui exécutent des répétitions de répétitions d'instructions élémentaires.

Syntaxe

Lorsque chaque instruction de répétition est donnée par for(...)..., la syntaxe des instructions de répétitions imbriquées est définie de la manière suivante :

```
for (…)
   {…
    for (…)
        BLOC_INSTRUCTIONS
    …
   }
```

La première instruction de répétition for(...)... est définie avec un bloc d'instructions qui commence par l'accolade ouvrante et se termine par l'accolade fermante. Dans le bloc d'instructions figure une deuxième instruction de répétition donnée par for(...)...qui est définie avec son propre bloc d'instructions. La première instruction de répétition est dite extérieure (ou boucle extérieure), la deuxième instruction de répétition est dite intérieure (ou boucle intérieure). L'ensemble définit une double boucle.

Il est possible d'imbriquer une instruction de répétition supplémentaire dans cette double boucle. Il suffit d'intégrer dans le bloc d'instructions de la boucle intérieure une autre instruction for(...)... Dans ce cas, nous obtenons une triple boucle.

Lorsque les instructions de répétition sont formulées avec `while...` ou `do...while...`, la syntaxe des instructions imbriquées est identique à celle-ci, et vous pouvez construire de la même façon des doubles boucles et des triples boucles.

L'exécution des instructions de répétitions imbriquées obéit au même mécanisme, quelle que soit la syntaxe. C'est l'exécution de la boucle extérieure qui contrôle le processus car elle détermine le nombre de fois où la boucle intérieure s'exécute. Mais, lors de chaque exécution de la boucle extérieure, c'est d'abord la boucle intérieure qui s'exécute.

Nous en présentons le fonctionnement avec un exemple qui permet de réaliser une horloge. Nous proposons d'abord une première version qui donne uniquement les heures et les minutes, puis une seconde affichant les heures, minutes et secondes.

Une horloge avec une double boucle

Voici la première version dans laquelle nous simulons une horloge qui affiche les heures et les minutes.

Soit `h` la variable qui donne les valeurs des heures, et `m` la variable qui donne celles des minutes. Nous limitons l'étude de `h` aux valeurs 12, 13 et 14. Quant à la variable `m`, elle prend toutes les valeurs entières de 0 à 59. Notre objectif est d'afficher des valeurs comme "13:45" pour 13 heures 45 minutes, "13:46", "13:47", etc. Lorsque la variable `m` vaut 59, sa valeur suivante vaut 0, et les résultats affichés sont "13:58", "13:59", "14h:0", "14h:1", etc.

Il faut donc reproduire la façon d'énumérer les heures et les minutes. C'est d'abord le nombre de minutes qui augmente. Lorsque `m` atteint la valeur 60, le nombre des heures doit augmenter de 1 et le nombre de minutes être remis à 0. Pour réaliser cet enchaînement, les minutes doivent être gérées par la boucle intérieure, et les heures par la boucle extérieure.

Le programme est conçu pour réaliser cet objectif en utilisant la syntaxe `for(...)...` pour chaque instruction de répétition.

Voici le texte du programme :

Listing 10.1 : `horloge0.java` — Une horloge avec une double boucle

```
1: public class horloge0
2: {public static void main(String args[])
3:   {int h,m;
4:    for(h=12;h<15;h++)    //boucle extérieure
5:      {for(m=0;m<60;m++)  //boucle intérieure
6:         System.out.print(h+":"+m+"   ");
7:        System.out.println("FIN de h = "+h);}
8:   }
9: }
```

Le programme est structuré par une double boucle :

- La première instruction de répétition est définie avec la variable h et constitue la boucle extérieure (lignes 4, 5, 6 et 7). Elle assure la répétition de son bloc d'instructions constitué de deux instructions : l'instruction de répétition (lignes 5 et 6) et l'instruction d'écriture (ligne 7).

- La seconde instruction de répétition est définie avec la variable m et constitue la boucle intérieure (lignes 5 et 6). Elle fait partie du bloc d'instructions de la première instruction de répétition.

Exécution du programme

L'exécution de la double boucle est gérée par l'exécution de la boucle extérieure, selon les valeurs que prend la variable h :

- **h vaut 12**. La boucle extérieure exécute les instructions de son bloc d'instructions (lignes 5 à 7). La boucle intérieure s'exécute en premier (lignes 5 et 6). Pour chaque valeur de m allant de 0 à 59, le programme affiche 12:0, 12:1, ..., 12:59. Puis lorsque m vaut 60, la condition (m<60) est fausse et le programme met fin à l'exécution de la boucle intérieure. Il exécute alors la seconde instruction du bloc d'instructions (ligne 7) et affiche "FIN de h = 12". L'exécution du bloc d'instructions est terminée et h augmente de 1 lors de l'exécution de h++.

- **h vaut 13**. La boucle extérieure exécute à nouveau les instructions de son bloc d'instructions. Pour chaque valeur de m allant de 0 à 59, le programme affiche 13:0, 13:1, …, 13:59. Puis, comme précédemment, lorsque m vaut 60, le programme met fin à l'exécution de la boucle intérieure et affiche "FIN de h = 13". L'exécution du bloc d'instructions est terminée et h augmente de 1.

- **h vaut 14**. Le même processus répétitif a lieu. Le programme affiche toutes les valeurs allant de 14:0 à 14:59. Puis il affiche "FIN de h = 14". L'exécution du bloc d'instructions est terminée et h augmente de 1.

- **h vaut 15**. Comme la condition (h<15) est fausse, le programme met fin à l'exécution de la boucle extérieure.

Une horloge avec une triple boucle

Dans la seconde version, nous simulons une deuxième horloge qui affiche les heures, les minutes et les secondes. Nous voulons aboutir à un affichage du type "12:44:56", "12:44:57", etc., sans exiger que le temps d'affichage corresponde exactement à une seconde.

Les variables sont les suivantes :

- h est la variable qui compte les heures de 12 à 14.

- m est la variable qui compte les minutes de 0 à 59.

- s est la variable qui compte les secondes de 0 à 59.

Voici le texte du programme :

Listing 10.2 : `horloge1.java` — Une horloge avec une triple boucle pour h, m et s

```
1: public class horloge1
2: {public static void main(String args[])
3:    {int h,m,s,i;
4:     for(h=12;h<16;h++)
5:       for(m=0;m<60;m++)
6:         for(s=0;s<60;s++)
```

```
 7:              {System.out.println(h+":"+m+":"+s);
 8:               for(i=0;i<50000000;i++);}
 9:    }
10: }
```

Le programme est structuré par une triple boucle :

- La première instruction de répétition est définie avec la variable h (lignes 4 à 8).

- La deuxième instruction de répétition, imbriquée dans la première, est définie avec la variable m (lignes 5 à 8).

- La troisième instruction de répétition, imbriquée dans la deuxième, est définie avec la variable s (lignes 6 à 8). Elle assure la répétition des instructions qui composent son bloc d'instructions : affichage des résultats (ligne 7) puis exécution d'une autre instruction de répétition définie avec une variable i (ligne 8).

Lors de l'exécution du programme, h augmente de 1, m de 1 et s de 1. Mais c'est d'abord s qui augmente de 1 pour donner la valeur suivante. Lorsque s atteint 60, m augmente de 1. Ce n'est que lorsque m vaut 60 que h augmente de 1.

Cette exécution est révélatrice du fonctionnement d'une triple boucle. C'est d'abord la boucle la plus "intérieure" qui s'exécute, et son nombre de répétitions est géré par la boucle du "dessus". Quant à cette boucle, son nombre de répétitions est lui aussi géré par la boucle du dessus (la boucle la plus extérieure).

Pour concevoir une double ou triple boucle, il est souvent plus facile de formuler le programme en partant du cœur du processus à répéter. Ainsi dans cet exemple, vous pouvez d'abord écrire la répétition définie avec s et son bloc d'instructions, puis introduire "au dessus" l'instruction de répétition formulée avec m, et enfin ajouter "au dessus" l'instruction formulée avec h.

Nous avons introduit à la ligne 8 une répétition supplémentaire dans le bloc d'instructions. Cette instruction est définie avec une variable i qui prend toutes les valeurs de 0 à 50 000 000. Mais cette instruction n'exécute rien d'autre car il n'y a pas d'instruction entre (i=0;i<50000000;i++) et le point-virgule qui suit. Son unique rôle est de faire varier i de 0 à 50 000 000. Les 50 000 000 affectations i=i+1; mettent un certain temps à s'effectuer ; ce dernier dépend de la vitesse du microprocesseur de votre ordinateur. Ainsi, la valeur affichée par System.out.println(h+":"+m+":"+s); reste à l'écran une fraction de seconde, et vous avez le temps de lire le résultat. Si votre ordinateur est très rapide, vous pouvez augmenter le nombre de répétitions pour obtenir une lecture plus aisée.

Après cette présentation, nous étudions deux applications afin de préciser les utilisations possibles des répétitions imbriquées. La première concerne l'étude des nombres parfaits, la seconde permet de classer les nombres d'un tableau par valeurs croissantes.

Etude des nombres parfaits

Nous avons déjà proposé un programme qui permet de déterminer si le nombre n est un nombre parfait (voir Chapitre 7). Rappelons la définition d'un nombre parfait : le nombre n est parfait s'il est égal à la somme de ses diviseurs, en excluant la valeur n des diviseurs étudiés. Ainsi, 6 est un nombre parfait car les diviseurs de 6 valent 1, 2 et 3 (on exclut 6) et ont pour somme 6.

Nous avons fourni le Listing 7.4 pour déterminer si n était un nombre parfait. En voici un extrait :

```
s=0;
for(i=1;i<n;i++)
    if (n%i==0) s=s+i;
if(s==n)System.out.println(n+" est un nb parfait ");
else System.out.println(n+" n'est pas un nb parfait ");
```

Nous souhaitons maintenant résoudre deux problèmes en utilisant ce code :

- permettre à un utilisateur d'étudier autant de nombres qu'il le désire ;

- rechercher tous les nombres parfaits présents entre deux bornes.

Etudier autant de nombres que vous voulez

Pour qu'un utilisateur puisse étudier autant de nombres qu'il le désire, il faut construire un programme utilisant le code précédent autant de fois que nécessaire. Ce programme peut être conçu de la façon suivante :

```
reponse='o';
while(reponse=='o')
    {n=Saisie.lire_int("Donne un nombre : ");
    "Etude de n : est-il parfait ou non ?"
     reponse=Saisie.lire_char("encore un nombre a
     etudier o/n ? : "); }
```

Nous introduisons une instruction de répétition définie avec while... et la variable reponse. La variable reponse est initialisée avec le caractère 'o' et le bloc d'instructions de while... est exécuté puisque la condition est vraie. Cette exécution permet à l'utilisateur de donner une nouvelle valeur à n, puis détermine si le nombre est parfait ou non. Enfin, elle permet à l'utilisateur de décider s'il veut examiner un nouveau nombre. Si l'utilisateur saisit au clavier la lettre 'o', reponse vaut à nouveau 'o'. La condition (reponse=='o') est toujours vraie, et l'instruction while... peut exécuter à nouveau son bloc d'instructions. Si l'utilisateur saisit au clavier une autre lettre, la condition (reponse=='o') est fausse et l'exécution de la répétition while... est arrêtée.

Il suffit alors de remplacer l'intitulé "Etude de n : est-il parfait ou non ?" par le code extrait du Listing 7.4 pour obtenir le programme recherché. Comme ce code possède une instruction de répétition, nous obtenons un programme structuré par une double boucle (voir Listing 10.3).

Listing 10.3 : `nbsparfait1.java` — Etudier autant de nombres que vous voulez

```
 1: public class nbsparfait1
 2: {public static void main(String args[])
 3:    {int i,n,s;
 4:     char reponse;
 5:     reponse='o';
 6:     while(reponse=='o')
 7:       {n=Saisie.lire_int("Donne un nombre : ");
 8:        s=0;
 9:        for(i=1;i<n;i++)
10:           if (n%i==0) s=s+i;
11:        if(s==n)System.out.println(n+" est un nb
           parfait ");
12:        else System.out.println(n+" n'est pas un
           nb parfait ");
13:        reponse=Saisie.lire_char("encore un
           nombre a etudier o/n ? : ");
14:       }
15:    }
16: }
```

Le programme est conçu avec une boucle extérieure définie par while... (lignes 6 à 14), dans laquelle apparaît une boucle intérieure écrite avec for(...)... (lignes 9 et 10). Il permet à l'utilisateur d'étudier autant de nombres qu'il le désire.

Le programme pourrait être écrit avec l'instruction do...while... Dans ce cas, il serait structuré ainsi :

```
do {n=Saisie.lire_int("…");
    …
    …
    reponse=Saisie.lire_char("…");}
while(reponse=='o');
```

Rechercher tous les nombres parfaits entre deux bornes

Si nous souhaitons rechercher tous les nombres parfaits présents entre les bornes b1 et b2, il est nécessaire de définir une répétition qui assure l'étude de chacune des valeurs de n entre ces deux bornes.

Comme l'étude de chaque valeur exige une instruction de répétition pour faire la somme des diviseurs, le programme est structuré par une double répétition.

Présentation du programme

Voici le texte du programme :

Listing 10.4 : `nbsparfait2.java` — Recherche des nombres parfaits entre les bornes b1 et b2

```
 1: public class nbsparfait2
 2: {public static void main(String args[])
 3:   {int i,n,b1,b2,s;
 4:    b1=Saisie.lire_int("Donne la borne la plus
       petite : ");
 5:    b2=Saisie.lire_int("Donne la borne la plus
       grande : ");
 6:    for(n=b1;n<=b2;n++)
 7:      {s=0;
 8:       for(i=1;i<n;i++)
 9:         if (n%i==0) s=s+i;
10:       if(s==n)System.out.println(n+" est un nb
          parfait ");
11:      }
12:   }
13: }
```

Le programme permet à l'utilisateur de donner les valeurs des deux bornes b1 et b2 (lignes 4 et 5). Puis, l'instruction de répétition qui définit la boucle extérieure examine chaque valeur de n allant de b1 à b2 pour déterminer si elle correspond à un nombre parfait (lignes 6 à 11). Elle exécute successivement les trois instructions de son bloc d'instructions (lignes 7 à 11) :

• **Ligne 7**. La variable s est mise à 0 dès que l'on commence l'étude d'une nouvelle valeur n.

• **Lignes 8 et 9**. L'instruction de répétition for(...)... calcule la somme s des diviseurs de n en effectuant l'étude pour i allant de 1 à n-1.

- **Ligne 10**. L'instruction conditionnelle examine si la condition (s==n) est vraie. Si c'est le cas, elle affiche que n est un nombre parfait. Sinon, elle n'affiche rien.

Ce traitement, exécuté pour chaque valeur de n allant de b1 à b2, permet de déterminer les valeurs de n qui sont des nombres parfaits entre les bornes b1 et b2.

Exécution du programme

Les résultats obtenus sont les suivants :

- Lorsque b1 vaut 2 et que b2 vaut 500, nous trouvons trois nombres parfaits : 6, 28 et 496.

- Lorsque b1 vaut 2 et que b2 vaut 10 000, nous obtenons quatre valeurs : 6, 28, 496 et 8 128.

- Lorsque b1 vaut 2 et que b2 vaut 50 000, nous obtenons les mêmes nombres : 6, 28, 496 et 8 128. Il n'y a donc aucun nombre parfait entre 8 129 et 50 000.

Le problème est de savoir s'il existe des nombres parfaits supérieurs à 50 000. Vous pouvez essayer de faire l'étude pour b1=50000 et b2=150000. Vous constaterez qu'il n'y a aucun nombre parfait dans cet intervalle. Mais existe-t-il d'autres nombres parfaits ?

Il n'y a pas, à ce jour, de démonstration générale concernant cette question. Nous ne pouvons répondre qu'en effectuant les calculs. Or, plus les valeurs de n étudiées sont grandes, plus le nombre d'opérations à effectuer est important, et plus le temps nécessaire à l'exécution du traitement augmente. Il faut déjà à votre ordinateur entre 10 et 30 minutes pour mener l'étude de tous les nombres de 2 à 150 000 (le temps passé dépend de la fréquence du microprocesseur de votre appareil). Combien faudra-t-il de temps pour étudier les nombres de 150 000 à 200 000 ?

Il est possible d'améliorer la performance du programme que nous avons proposé. Mais, à supposer que l'on ait pu étudier les nombres jusqu'à 1 000 000, que penser pour la suite des nombres ?

Nous entrevoyons ici les limites des traitements informatiques qui étudient les grands nombres. En effet, ils ne sont pas toujours en mesure de fournir un résultat après un temps de calcul raisonnable.

Exemple de tri

La seconde application concerne un tableau de nombres. Ces derniers sont le résultat, par exemple, d'un tirage au hasard. Il s'agit de les classer par ordre croissant sans créer un nouveau tableau.

Ce tri peut être traité de plusieurs façons. Parmi toutes les méthodes de résolution envisageables, nous en avons choisi une appelée méthode de sélection. Elle consiste à gérer deux parties dans le tableau : une partie définitivement triée qui regroupe les nombres les plus petits (placée à gauche), et une partie non triée (placée à droite). La méthode exige l'ajout d'un nombre à la partie triée, autant de fois que nécessaire, pour obtenir un tableau trié.

La méthode de tri par sélection

Pour expliquer cette méthode, nous utiliserons l'exemple de la Figure 10.1. Ce dernier étudie un tableau de huit nombres en le présentant dans son état initial (état n°0), dans deux états intermédiaires successifs (état n°3 et 4), puis dans son état final lorsque tous les nombres ont été classés (état n°8).

Pour suivre le raisonnement, supposons que le traitement est déjà commencé. Ayant choisi la méthode de tri par sélection, la partie gauche du tableau est déjà triée. L'état n°3 de la Figure 10.1 illustre cette situation. Dans ce cas, nous obtenons dans la partie complètement triée les nombres 1, 3 et 4. Les nombres qui se trouvent dans la partie non triée sont donc tous supérieurs aux nombres de la partie définitivement triée. La partie non triée, à droite du tableau, commence à la case i, et i vaut 3.

Il faut alors examiner comment ajouter un nombre dans la partie définitivement triée. Le nombre à ajouter ne peut être que le plus petit des nombres de la partie non triée, qui lui-même est plus grand que le plus grand des nombres figurant dans la partie gauche du tableau.

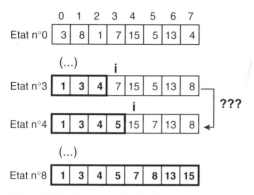

Figure 10.1 : Un exemple de tri.

Dans le cas étudié, il s'agit de 5, et nous ajoutons 5 comme nouvel et dernier élément à la partie du tableau définitivement triée. Nous obtenons l'état n°4. En procédant ainsi, nous aboutirons à un tableau correctement trié. En effet, nous avons ajouté un nombre dans la partie définitivement triée et il suffit de répéter ce traitement le nombre nécessaire de fois pour aboutir à un tableau dont les huit nombres seront définitivement triés.

Voici ce traitement lorsque la partie définitivement triée s'étend de la première case du tableau à la case numérotée i-1 et que la partie non triée s'étend de la case n°i à la dernière case (le tableau est défini par la variable tab) :

1. Nous devons d'abord rechercher le minimum des nombres de la partie non triée et sa position. Soit min cette valeur et pos sa position dans le tableau.

2. Il faut ensuite ajouter la valeur min à la partie triée. Comme i donne la première case de la partie non triée, la valeur min sera placée dans la case tab[i]. Mais si l'on ne veut pas perdre la valeur actuelle qui figure dans tab[i], il faut effectuer un échange entre tab[i] et tab[pos] puisque tab[pos] donne la valeur la plus petite de la partie non triée. Après avoir fait cet échange, la partie triée s'est accrue d'une case.

Java 2

3. Pour effectuer le même traitement lors du tour suivant, il faut que structurellement, la partie triée et la partie non triée se présentent comme au tour précédent. Or, comme au début du traitement, i a désigné la première case de la partie non triée, i doit encore désigner la première case de la partie non triée. Puisque la partie triée s'est agrandie d'une case et que la partie non triée a diminué d'une case, i doit être augmentée de 1.

Il suffit de répéter ce traitement le nombre de fois nécessaire.

Présentation du programme

Voici le texte du programme :

Listing 10.5 : `tri1.java` — Un tri par sélection

```
 1: public class tri1
 2: {public static void main(String args[])
 3:    {int[] tab;
 4:     tab=new int[20];
 5:     int i,j,min,pos;
 6:     for(i=0;i<20;i++)
 7:       {tab[i]=(int)(Math.random()*100);}
 8:     for(i=0;i<20;i++)
 9:       System.out.print(tab[i]+"  ");}
10:     System.out.println();
11:
12:     for(i=0;i<20;i++)
13:       {j=i;
14:        min=tab[j];
15:        pos=j;
16:        for(j=i+1;j<20;j++)
17:          if (tab[j]<min) {min=tab[j];
18:                           pos=j;}
19:        tab[pos]=tab[i];
20:        tab[i]=min;
21:       }
22:
23:     for(i=0;i<20;i++)
24:       System.out.print(tab[i]+"  ");
25:     System.out.println();
26:   }
27: }
```

tab. initiale accolades lignes 6-10

tri lignes 12-21

tab. final lignes 23-25

Le programme est défini avec les variables tab, i, j, min et pos :

- tab permet d'implémenter en mémoire un tableau de vingt nombres entiers.

- i et j désignent des cases du tableau.

- min sert à enregistrer la valeur du nombre le plus petit de la partie non triée du tableau.

- pos donne le numéro de la case du tableau où se trouve la valeur la plus petite de la partie non triée.

Le programme est ensuite structuré en trois parties :

- **Lignes 6 à 10**. La première répétition permet d'affecter à chaque variable tab[i] la valeur entière donnée par (int)(Math .random()*100). La seconde répétition assure l'affichage à l'écran des vingt valeurs du tableau de nombres.

- **Lignes 12 à 21**. Cette partie du code assure le tri des nombres.

- **Lignes 23 à 25**. La répétition assure l'affichage des valeurs du tableau et montre ainsi que les nombres du tableau ont été classés par valeurs croissantes.

Les instructions réalisant le tri

La réalisation du tri est assurée par les instructions suivantes (lignes 12 à 21) :

```
12:     for(i=0;i<20;i++)
13:       {j=i;
14:        min=tab[j];
15:        pos=j;
16:        for(j=i+1;j<20;j++)
17:          if (tab[j]<min) {min=tab[j];
18:                           pos=j;}
19:        tab[pos]=tab[i];
20:        tab[i]=min;
21:       }
```

La première boucle (ou boucle extérieure) est définie avec i qui varie de 0 à 19. Elle assure la répétition, vingt fois de suite, du traitement donné entre les accolades. La variable i permet donc d'en contrôler le déroulement. Mais cette variable donne aussi le numéro de la case du tableau où commence la partie non triée.

Le traitement à répéter vingt fois exige de rechercher pour chaque valeur de i le nombre minimum de la partie non triée. Pour étudier chaque nombre de la partie non triée, il faut faire intervenir une variable j qui prend les valeurs de i à 19 pour un i donné. Nous devons donc initialiser j à la valeur i (ligne 13).

La recherche du minimum commence par une initialisation de min et de pos (lignes 14 et 15). Comme j vaut i, min=tab[j]; donne à min la valeur du premier nombre de la partie non triée, et pos=j; donne à pos la valeur du numéro de la première case de la partie non triée. Puis la recherche de la valeur minimale est effectuée par la répétition définie avec la variable j (lignes 16, 17 et 18). Au terme de cette répétition, min possède la valeur la plus petite de la partie non triée, et pos donne le numéro de la case où figure la valeur la plus petite.

Les valeurs tab[i] et tab[pos] doivent ensuite être échangées. Cet échange est réalisé par les deux affectations données aux lignes 19 et 20.

A la fin de l'exécution du traitement, le nombre min a été ajouté à la partie triée, et la variable i qui définit la boucle extérieure for(...)... est augmentée automatiquement de 1. Le traitement est à nouveau effectué en considérant que la partie non triée est donnée par les cases numérotées de i à 19.

Conclusion

Pour construire un programme qui effectue un tri, nous devons choisir une méthode parmi les nombreuses méthodes existantes (elles sont présentées dans tous les ouvrages spécialisés).

Pour écrire le code correspondant, nous devons nous placer dans le cadre de la méthode choisie et supposer que le problème est déjà partiellement résolu. Il faut considérer alors un état intermédiaire construit en fonction de la méthode choisie, et définir l'état suivant pour qu'il soit structurellement identique à l'état précédent.

Lorsque ces deux états sont mis en évidence, il faut alors définir le traitement informatique qui assure le passage de l'état intermédiaire à l'état suivant. Il ne reste plus qu'à initialiser le processus correctement pour que le traitement informatique à répéter aboutisse à la solution recherchée.

Les tableaux de données à deux dimensions

Nous avons présenté au Chapitre 8 les tableaux de données qui permettent de placer en mémoire une série de valeurs du même type. Ainsi, nous avons déclaré un tableau destiné à définir les douze salaires d'une personne, et plusieurs autres tableaux de nombres entiers. Ces tableaux de données sont la représentation informatique de la notion mathématique de vecteurs. Mais il existe aussi des tableaux de données à deux dimensions qui expriment informatiquement la notion de matrices.

Présentation

Prenons un exemple. Considérons la déclaration suivante :

```
int[][] tab;
tab = new int[4][6];
```

La première ligne définit une variable `tab` de type tableau dont chaque valeur est de type `int`. Le double crochet `[][]` qui suit `int` indique que `tab` définit un tableau à deux dimensions.

La seconde ligne définit une affectation qui met en jeu l'instruction `new...` L'exécution de `new int[4][6]` met en place en mémoire 4×6=24 cases mémoire, et ces vingt-quatre cases constituent alors le tableau à deux dimensions. Lorsque l'affectation est réalisée, nous avons en mémoire vingt-quatre cases identifiées par vingt-quatre variables. Ces dernières sont désignées généralement par `tab[i][j]` pour `i` allant de 0 à 3 et pour `j` allant de 0 à 5. Les vingt-quatre variables sont les suivantes :

- pour i=0 : `tab[0][0]`, `tab[0][1]`, `tab[0][2]`, `tab[0][3]`, `tab[0][4]`, `tab[0][5]` ;

- pour i=1 : `tab[1][0]`, `tab[1][1]`, ..., jusqu'à `tab[1][5]` ;

- pour i=2 : `tab[2][0]`, `tab[2][1]`, ..., jusqu'à `tab[2][5]` ;

- pour i=3 : `tab[3][0]`, `tab[3][1]`, ..., jusqu'à `tab[3][5]`.

La Figure 10.2 montre que le tableau à deux dimensions ainsi construit est assimilable à une matrice de format (4,6).

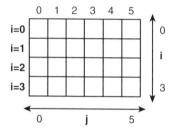

Figure 10.2 : Le tableau (ou matrice) défini par la variable `tab`.

La matrice est composée par les vingt-quatre variables définies précédemment et notées `tab[i][j]`, pour `i` allant de 0 à 3 et pour `j` allant de 0 à 5. `i` donne alors le numéro de la ligne considérée et `j` le numéro de la colonne, ce qui permet d'obtenir une notation très proche de la notation employée pour les matrices. Notez que la numérotation des lignes commence à 0, comme celle des colonnes. Cela est dû au mécanisme automatique de numérotation des tableaux dont le langage Java est doté. Il existe donc un décalage entre la notation informatique et la notation mathématique pour qui la désignation des lignes et des colonnes d'une matrice commence à 1.

Dans les exemples que nous présentons maintenant, tous les tableaux à deux dimensions servent à implémenter des matrices. De ce fait, nous ne placerons pas de valeurs dans les cases de la ligne n°0 et de la colonne n°0.

Une matrice de nombres entiers

Considérons une matrice de format (3,5) dont les valeurs sont des nombres tirés au hasard compris entre 0 et 9. Combien existe-t-il de valeurs 0 dans la matrice ?

Analyse du problème

Pour obtenir une matrice de format (3,5) dont les lignes sont numérotées à partir de 1 et les colonnes à partir de 1, vous devez créer en mémoire centrale un tableau à deux dimensions avec quatre lignes et six colonnes numérotées à partir de 0. Il faut donc implémenter un tableau de 4×6=24 cases pour en utiliser 3×5=15 cases.

Lorsque le tableau défini par la variable tab est créé, il faut répéter quinze fois de suite l'affectation tab[i][j]=(int)(Math.random ()*10). Comme la variable tab[i][j] dépend de deux variables i et j, nous devons introduire une double boucle :

```
for(i=1;i<4;i++)
  for(j=1;j<6;j++)
    tab[i][j]=(int)(Math.random()*10);
```

Pour i=1, le programme exécute la boucle intérieure. Pour chaque valeur de j allant de 1 à 5, une valeur est placée dans chaque variable tab[1][j]. Puis pour i=2, le programme recommence. Pour chaque valeur de j allant de 1 à 5, une valeur est placée dans chaque variable tab[2][j]. Enfin, pour i=3, le programme exécute à nouveau la seconde répétition. Pour chaque valeur de j allant de 1 à 5, une valeur est donnée à chaque variable tab[3][j]. Le programme ainsi conçu "remplit" alors la matrice en procédant ligne après ligne, de gauche à droite, comme on le fait à la main. Au terme de l'exécution de cette répétition, quinze valeurs numériques sont présentes dans la matrice.

Vous devez ensuite compter le nombre de fois où `tab[i][j]` est égale à 0. Il faut à nouveau définir une double boucle qui permet de parcourir tous les termes de la matrice, en procédant ligne par ligne. Le code est le suivant (la variable `nb0` sert à compter le nombre de 0) :

```
nb0=0;
for(i=1;i<4;i++)
   for(j=1;j<6;j++)
      if (tab[i][j]==0) nb0=nb0+1;
```

Pour chaque valeur de `i` et chaque valeur de `j`, le programme examine si la condition (`tab[i][j]==0`) est vraie. Si c'est le cas, il augmente la valeur de la variable `nb0` de 1.

Présentation du programme

Le texte du programme découle de cette analyse :

Listing 10.6 : `matrice0.java` — Une matrice de nombres entiers

```
 1: public class matrice0
 2: {public static void main(String args[])
 3:    {int[][] tab;
 4:     tab=new int[4][6];
 5:     int i,j,nb0;
 6:     for(i=1;i<4;i++)
 7:       for(j=1;j<6;j++)
 8:         tab[i][j]=(int)(Math.random()*10);
 9:
10:     nb0=0;
11:     for(i=1;i<4;i++)
12:       for(j=1;j<6;j++)
13:         if (tab[i][j]==0) nb0=nb0+1;
14:
15:     System.out.println("Il y a "+nb0+" nombres
        0 car la matrice vaut : ");
16:     for(i=1;i<4;i++)
17:       {for(j=1;j<6;j++)
18:          System.out.print(" "+tab[i][j]);
19:        System.out.println();
20:       }
21:    }
22: }
```

Les variables du programme sont les suivantes :

- `tab` est la variable de tableau définie comme nous l'avons vue en début de chapitre :

```
3:     {int[][] tab;
4:      tab=new int[4][6];
```

Au terme de l'exécution de l'affectation `tab=new int[4][6];`, vingt-quatre variables structurent le tableau à deux dimensions. Ce tableau constitue l'implémentation de la matrice que nous voulons étudier.

- La variable `i` désigne une ligne de la matrice, et la variable `j`, une colonne de la matrice.

- La variable `nb0`, de type `int`, permet de compter le nombre de valeurs 0 dans la matrice.

Le programme est structuré en trois parties :

- **Lignes 6 à 8**. La double boucle permet d'effectuer les quinze affectations nécessaires pour placer les données dans la matrice.

- **Lignes 10 à 13**. Une deuxième double boucle permet de compter le nombre de valeurs 0 dans la matrice.

- **Lignes 15 à 20**. Le programme affiche d'abord la valeur de `nb0`. Puis, une troisième double boucle permet d'afficher les nombres de la matrice selon la disposition des termes qui la constituent. Pour chaque valeur de `i`, c'est-à-dire chaque ligne, l'instruction `for(...)...` exécute les deux instructions de son bloc d'instructions. Elle exécute d'abord la répétition qui permet d'afficher chaque terme `tab[i][j]` en l'espaçant du précédent. Puis elle exécute `System.out.println();` qui a pour unique but de remettre le curseur au début de la ligne suivante. Les valeurs de la matrice s'affichent alors correctement, ligne après ligne.

Calcul des effectifs marginaux

Considérons une matrice de format (3,4) qui donne une répartition d'effectifs selon deux critères. Il s'agit alors de calculer les effectifs marginaux.

Exemple

Donnons un exemple. La Figure 10.3 présente les valeurs initiales de la répartition à examiner, ainsi que les valeurs qui doivent être calculées.

```
5   13   1   18 |  37
1   19   0    1 |  21
8   18  18    0 |  44

14  50  19   19   102
```

Figure 10.3 : Exemple d'une répartition avec ses effectifs marginaux.

Les douze données initiales ont été placées dans le tableau structuré par trois lignes et quatre colonnes. Elles constituent la répartition des effectifs à étudier. Pour calculer les effectifs marginaux, il faut d'abord considérer tous les termes d'une ligne et en faire la somme. C'est ainsi que l'on obtient 37 pour les termes de la première ligne du tableau, 21 pour les termes de la deuxième ligne, puis 44 pour les termes de la troisième ligne. Ces trois premiers résultats placés dans la marge du tableau, sur sa droite, constituent les effectifs marginaux calculés ligne après ligne.

Le même procédé est utilisé pour calculer les sommes des termes de chaque colonne. C'est ainsi que l'on obtient 14, 50, 19 et 19, quatre valeurs apparaissant elles aussi dans la marge du tableau, cette fois en dessous du tableau. Enfin, si l'on réalise le total des effectifs marginaux, on obtient dans les deux cas la valeur 102.

Nous voulons concevoir un programme qui permet, à partir des douze données tirées au hasard, de calculer les effectifs marginaux, ligne après ligne et colonne après colonne, puis réalise un affichage des résultats similaire à celui de la Figure 10.3.

Analyse du problème

Pour mener à bien les calculs demandés, plusieurs tableaux doivent être créés (voir Figure 10.4).

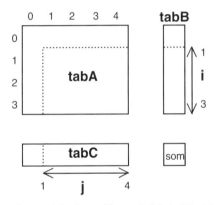

Figure 10.4 : Les tableaux **tabA**, **tabB** et **tabC**.

Le premier tableau, défini par la variable **tabA**, est constitué de 4×5=20 cases mémoire. Il permettra d'enregistrer 3×4=12 valeurs, comme dans l'exemple que nous venons de décrire, car nous ne mettons pas de valeurs dans les cases de la ligne n°0 et de la colonne n°0.

Pour mémoriser tous les effectifs marginaux à calculer, il faut créer deux autres tableaux. Le tableau défini par la variable **tabB** est de taille 4, de façon à enregistrer les effectifs marginaux pour les lignes numérotées de 1 à 3. Le tableau défini par la variable **tabC** est de taille 5, de façon à mémoriser les effectifs marginaux pour les colonnes numérotées de 1 à 4. Nous avons donc besoin de deux tableaux à une dimension tabB et tabC, et d'un tableau à deux dimensions tabA. Enfin, la variable som sert à enregistrer la somme totale des effectifs.

Présentation du programme

Le texte du programme est le suivant :

Listing 10.7 : `calcul_marg1.java` — Calcul des effectifs marginaux

```
 1: public class calcul_marg1
 2: {public static void main(String args[])
 3:    {int[][] tabA;
 4:     int[] tabB;
 5:     int[] tabC;
 6:     tabA=new int[4][5];
 7:     tabB=new int[4];
 8:     tabC=new int[5];
 9:     int i,j,s,som;
10:     for(i=1;i<4;i++)
11:       for(j=1;j<5;j++)
12:         tabA[i][j]=(int)(Math.random()*20);
13:
14:     for(i=1;i<4;i++)
15:       {s=0;
16:        for(j=1;j<5;j++)
17:          s=s+tabA[i][j];
18:        tabB[i]=s;}
19:
20:     for(j=1;j<5;j++)
21:       {s=0;
22:        for(i=1;i<4;i++)
23:          s=s+tabA[i][j];
24:        tabC[j]=s;}
25:
26:     som=0;
27:     for(i=1;i<4;i++)
28:       som=som+tabB[i];
29:
30:     for(i=1;i<4;i++)
31:       {for(j=1;j<5;j++)
```

```
32:              if (tabA[i][j]<10)
             System.out.print("   "+tabA[i][j]);
33:             else
             System.out.print("   "+tabA[i][j]);
34:           if (tabB[i]<10)
           System.out.print("   "+tabB[i]);
35:           else System.out.print("    "+tabB[i]);
36:           System.out.println();
37:         }
38:       System.out.println();
39:       for(j=1;j<5;j++)
40:         if (tabC[j]<10)
           System.out.print("   "+tabC[j]);
41:         else System.out.print("   "+tabC[j]);
42:
43:       if (som<10)
           System.out.println("   "+som);
44:       else if (som <100)
           System.out.println("  "+som);
45:           else System.out.println("    "+som);
46:   }
47: }
```

Le programme est construit avec les variables de type tableau que
nous avons présentées :

- `tabA=new int[4][5];` permet d'implémenter un tableau à deux
  dimensions de vingt cases mémoire.

- `tabB=new int[4];` permet de créer un tableau à une dimension
  de quatre cases mémoire.

- `tabC=new int[5];` permet d'implémenter un tableau à une
  dimension de cinq cases mémoire.

Il utilise aussi les variables i et j pour désigner les numéros des
lignes et des colonnes, ainsi que la variable s pour calculer des
sommes partielles et la variable som pour déterminer la somme
totale. Toutes les variables sont de type int.

Le programme est alors organisé en plusieurs parties :

- **Lignes 10 à 12 : les valeurs initiales de la matrice tabA**. La double boucle permet de réaliser les douze affectations tabA[i][j]=(int)(Math.random()*20); pour constituer une matrice de douze nombres de format (3,4).

- **Lignes 14 à 18 : calcul des valeurs de tabB**. Le calcul doit être fait pour chaque ligne de la matrice tabA. C'est donc la répétition définie avec la variable i qui structure la double répétition. Pour une valeur donnée i, la variable s est initialisée à 0, puis le programme fait la somme de toutes les valeurs tabA[i][j] de cette ligne en exécutant quatre fois s=s+tabA[i][j];. La somme ainsi calculée est recopiée dans la ième case du tableau tabB à l'aide de l'affectation tabB[i]=s;. Ce calcul est fait pour chaque valeur de i, c'est-à-dire chaque ligne de la matrice tabA.

- **Lignes 20 à 24 : calcul des valeurs de tabC**. Le calcul se déroule de la même façon. Il est fait pour chaque colonne de la matrice tabA. La répétition définie avec la variable j structure la double répétition. Pour une valeur donnée j, la variable s est initialisée à 0, puis le programme détermine la somme s de toutes les valeurs tabA[i][j] de cette colonne. La somme ainsi calculée est recopiée dans la case n°j du tableau tabC grâce à l'affectation tabC[j]=s;. Ce calcul est mené pour chaque valeur de j, c'est-à-dire pour chaque colonne de la matrice tabA.

- **Lignes 26 à 28 : calcul de la somme totale som**. Pour calculer la valeur de la variable som, il suffit de faire la somme de toutes les valeurs du tableau tabB.

- **Lignes 30 à 45 : affichage des données et des résultats**. Cette partie du programme affiche les valeurs de la matrice tabA, et celles des deux tableaux tabB et tabC, ainsi que la valeur som. Pour que l'affichage soit correct, il procède ligne après ligne : première ligne du tableau tabA, suivie de la première ligne du tableau tabB, puis retour du curseur au début de la ligne suivante, puis deuxième ligne du tableau tabA, suivie de la deuxième ligne du tableau tabB, etc. Les instructions conditionnelles qui ont été introduites définissent le nombre d'espaces à placer pour que les nombres soient bien alignés, qu'ils soient composés d'un chiffre, de deux ou de trois.

Conclusion

Nous avons créé trois tableaux en mémoire centrale. Le premier est structuré par vingt variables tabA[i][j], le deuxième par quatre variables tabB[i] et le troisième par cinq variables tabC[j]. Le premier tableau est à deux dimensions et donne les valeurs d'une matrice. Les deux autres tableaux sont à une dimension et donnent les valeurs de deux vecteurs.

L'affichage qui intervient à la fin de l'exécution du programme met à l'écran les nombres du tableau à deux dimensions sous la forme d'une matrice. Il met les valeurs du premier vecteur sous la forme d'un vecteur colonne et les valeurs du second vecteur sous la forme d'un vecteur ligne.

Chapitre 11

Fonctions

Au sommaire de ce chapitre

- Présentation
- Calcul du nombre de combinaisons
- Etude d'un triangle
- Calcul de e^x
- Conclusion

Les programmes présentés dans les chapitres précédents sont structurés en une seule partie. Mais il est possible de concevoir des programmes comprenant plusieurs parties en introduisant des fonctions dont le code est défini par le programmeur.

Ce chapitre est consacré à l'étude des fonctions informatiques. Nous présenterons la syntaxe des fonctions en Java et étudierons leur exécution. Nous examinerons plusieurs exemples qui illustrent la marche à suivre pour structurer un programme à l'aide de fonctions.

Présentation

La notion de fonction en programmation est proche de la notion de fonction en mathématique. Mais au-delà de la similitude, il faut en maîtriser la syntaxe informatique et comprendre comment s'exécute une fonction.

Syntaxe des fonctions

Prenons un exemple pour présenter la syntaxe des fonctions en Java. Soit la fonction mathématique $y=f(x)=x!$ dont la définition est : $x!=1*2*3*...*i*...*(x-1)*x$.

Cette fonction est définie de la façon suivante en Java :

```
public static int facto(int x)
  {int f, i;
   f=1;
   for(i=1;i<=x;i++) f=f*i;
   return f;
  }
```

Elle a été écrite selon les règles syntaxiques suivantes :

- La fonction est désignée par un identificateur. Dans cet exemple, elle porte le nom de `facto`. L'identificateur de la fonction est suivi par l'énoncé de toutes ses variables de définition appelées arguments de la fonction. Il est indispensable de préciser le type de chaque argument car ces variables vont être implémentées en mémoire au début de l'exécution de la fonction. Ici, la fonction `facto` n'a qu'une variable x et cette variable est de type `int`. On écrit alors `facto(int x)`.

- Avant le nom de la fonction, il est indispensable de faire figurer le type des valeurs calculées par la fonction. Ces valeurs sont les "valeurs retournées" par la fonction. Comme il s'agit ici d'une fonction dont les résultats sont des nombres entiers, il faut indiquer que le type des valeurs calculées est `int`. D'où l'écriture `int facto(int x)`.

- De plus, il est nécessaire d'ajouter que la fonction est public, pour qu'elle puisse être exécutée sans contrainte, et qu'elle est static, pour que son exécution puisse être lancée sans l'intervention des notions d'objets de la programmation objet. D'où l'intitulé complet de la fonction :

```
public static int facto(int x)
```

- L'intitulé est suivi par le code de définition de la fonction. Ce code commence par une accolade ouvrante, est composé d'une succession d'instructions et se termine par une accolade fermante. Il constitue le corps de la fonction.

- Souvent, le code de la fonction débute par une ou plusieurs déclarations de variables. Dans cet exemple, la déclaration introduit deux variables f et i de type int. Ces variables sont des variables locales à la fonction. Elles sont créées en mémoire centrale seulement lors de l'exécution de la fonction et effacées dès que l'exécution de la fonction est terminée.

- Après la déclaration des variables locales, nous devons placer les instructions qui définissent le code de la fonction. Dans cet exemple, les instructions suivantes assurent le calcul de la factorielle de x :

```
f=1;
for(i=1;i<=x;i++) f=f*i;
```

Au terme de la répétition, la variable f contient la valeur de la factorielle.

- Le code de la fonction se termine toujours par return...;, une instruction permettant à la fonction de restituer le résultat du calcul effectué. On dit que return ...; retourne la valeur de la fonction ; cette valeur est appelée "valeur retournée". La valeur retournée doit être du type indiqué au début de l'intitulé de la fonction. Ici, return f; retourne la valeur de f qui est de type int, et ce type figure au début de l'intitulé de la fonction.

Toutes les fonctions écrites en Java sont à déclarer selon cette syntaxe. Elles peuvent ainsi être définies avec un ou plusieurs arguments, ces arguments étant de type élémentaire (byte, short, int, long, double, float, boolean, char) ou de type String. Elles peuvent aussi être définies sans argument. Le nom de la fonction est alors suivie de "()" sans qu'une variable soit mentionnée (voir l'étude d'un tableau de nombres proposée au Chapitre 12).

Les fonctions peuvent effectuer plusieurs sortes de calcul et retourner des valeurs de type numérique (types byte, short, int, long, double, float), de type boolean, char ou String. Une fonction peut ne rien retourner. Dans ce cas, elle est déclarée public static void ... et n'a pas besoin de l'instruction return...; comme dernière instruction.

Une fois écrites, les fonctions sont introduites dans les programmes car elles ne peuvent être exécutées de façon autonome en Java.

Exemple de programme avec *facto(x)*

Prenons un exemple pour étudier la structure des programmes qui utilisent des fonctions.

Supposons que nous voulions calculer les deux factorielles 4! et 6!. Il est possible d'effectuer ces calculs en exécutant un programme utilisant la fonction facto(x) que nous venons d'étudier.

Présentation du programme

Voici le texte de ce programme :

Listing 11.1 : ex_facto1.java — Exemple avec la fonction facto(x)

```
1: public class ex_facto1
2: {public static int facto(int x)
3:    {int f,i;
4:     f=1;
5:     for(i=1;i<=x;i++) f=f*i;
```

```
 6:     return f;
 7:   }
 8:
 9:  public static void main(String args[])
10:   {int n1,n2,res1,res2;
11:     n1=4;
12:     n2=6;
13:     res1=facto(n1);
14:     System.out.println("res1 = "+res1);
15:     res2=facto(n2);
16:     System.out.println("res2 = "+res2);
17:   }
18: }
```

Le programme débute par un intitulé (ligne 1). Comme dans tous les exemples de cet ouvrage, le nom qui suit public class est le nom du fichier qui contient le code du programme. Le texte du programme commence alors par une accolade ouvrante (début de la ligne 2) suivie du code du programme. Il se termine par une accolade fermante (ligne 18).

Le code du programme est structuré par deux fonctions : facto(x) et main(...) :

- **Lignes 2 à 7 : la fonction facto(x)**. L'intitulé de la fonction est celui que nous avons déjà étudié : public static int facto(int x). Il est suivi du bloc d'instructions présenté précédemment qui commence par une accolade ouvrante (ligne 3) et se termine par une accolade fermante (ligne 7).

- **Lignes 9 à 17 : la fonction main(...)**.Cette fonction est présente dans tous les programmes que nous avons étudiés. Son intitulé doit toujours être formulé de la même façon : public static void main(String args[]). Il est suivi par un bloc d'instructions qui débute avec une accolade ouvrante (ligne 10), donne ensuite toutes les instructions du programme et se termine par une accolade fermante (ligne 17).

L'instruction de répétition for(...)... de la fonction facto(...) a été écrite sur une seule ligne :

    5:      for(i=1;i<=x;i++) f=f*i;

Nous aurions pu l'écrire sur deux lignes, comme nous l'avons fait dans tous les autres programmes :

    5:      for(i=1;i<=x;i++)
    5bis: f=f*i;

Ces deux écritures sont équivalentes car elles respectent toutes deux la syntaxe de l'instruction for(...)...

Exécution du programme

L'exécution du programme se déroule à partir de l'exécution de la fonction main(...), comme c'est le cas de toutes les exécutions des programmes rédigés en Java. L'interpréteur Java met donc d'abord en place les variables du programme définies au début du code de la fonction main(...) (ligne 10), puis il exécute les instructions du bloc d'instructions les unes après les autres (lignes 11 à 16). Mais cette exécution se déroule de façon particulière lorsqu'elle prend en compte la fonction facto(x) pour exécuter res1=facto(n1); et res2=facto(n2); (lignes 13 et 15).

Pour suivre le processus d'exécution, reportez-vous à la Figure 11.1 qui en présente les étapes essentielles. Le déroulement est le suivant :

- **Etat n°1**. Suite à la déclaration des variables du programme (ligne 10), les variables n1, n2, res1 et res2 sont créées en mémoire centrale, dans la zone d'exécution du programme. Puis n1 prend par affectation la valeur 4 et n2 la valeur 6 (lignes 11 et 12).

- **Etat n°2**. Pour exécuter l'affectation res1=facto(n1); (ligne 13), l'interpréteur Java considère d'abord le terme à droite du signe égal, c'est-à-dire facto(n1). Il s'agit d'un appel de fonction qui concerne la fonction facto(x) pour la valeur n1.

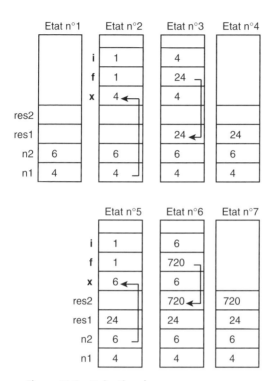

Figure 11.1 : Exécution du programme.

L'interpréteur Java met alors en place, en mémoire centrale, la variable de définition de la fonction, c'est-à-dire x . Il lui transmet la valeur du paramètre qui figure dans l'appel de la fonction facto(n1). Comme n1 vaut 4, x prend la valeur 4 (la flèche de la figure illustre la transmission de cette valeur). Puis l'interpréteur place en mémoire centrale les variables f et i dont la déclaration figure au début du code de la fonction facto(x) (ligne 3). Ces variables sont les variables locales de la fonction facto(x).

La fonction `facto(x)` peut alors être exécutée. Son exécution se déroule dans la zone de ses propres variables x, f et i. Les variables f et i sont d'abord initialisées : f vaut 1 (ligne 4) et i vaut 1 au début de l'exécution de la répétition `for(...)...`, d'où les valeurs données par la Figure 11.1 pour l'état n°2.

- **Etat n°3.** L'instruction de répétition `for(...)...` de la fonction `facto(x)` est exécutée (ligne 5). Lorsque son exécution est terminée, i vaut 4 et f vaut 24, le résultat recherché puisque 4!=24. Puis l'instruction `return f;` est exécutée (ligne 6) : elle retourne alors la valeur 24, et cette valeur remplace le terme `facto(n1)` dans l'affectation `res1=facto(n1);` qui devient `res1=24;`. L'interpréteur Java peut alors exécuter l'affectation, et la variable res1 prend la valeur 24 (la flèche de la figure illustre que la valeur retournée est affectée à res1).

- **Etat n°4.** Comme l'exécution de la fonction `facto(x)` est terminée, toutes les variables créées lors de son exécution sont effacées (on dit qu'elles sont dépilées). Et il ne reste plus que les variables n1, n2, res1 et res2 en mémoire centrale, res1 ayant comme valeur 24.

Un processus similaire se déroule ensuite pour exécuter l'affectation `res2=facto(n2);` :

- **Etat n°5.** L'appel de fonction `facto(n2)` lance l'exécution de la fonction `facto(x)`. Comme précédemment, l'interpréteur Java met en place une variable x en mémoire centrale et lui transmet la valeur qui figure dans l'appel de la fonction. Comme n2 vaut 6, x prend la valeur 6. Puis l'interpréteur Java met en place les variables f et i qui sont les variables locales de la fonction `facto(x)` et leur donne leurs valeurs initiales 1.

- **Etat n°6.** A nouveau, l'interpréteur Java exécute le code de la fonction `facto(x)` dans l'espace de ses propres variables x, f et i. Lorsque la répétition est terminée, i vaut 6 et f vaut 720. `return f;` retourne alors la valeur 720 qui remplace le terme `facto(n2)` dans l'affectation. L'affectation devient `res2=720;`. L'interpréteur Java peut ensuite exécuter cette affectation et res2 prend la valeur 720.

- **Etat n°7**. L'exécution de la fonction facto(x) est terminée et les variables x, f et i qui ont été créées lors de son exécution sont effacées. Il ne reste plus que les variables n1, n2, res1 et res2 en mémoire centrale. res1 vaut 24 qui est la valeur de 4! et res2 vaut 720 qui est la valeur de 6!.

L'appel d'une fonction permet à l'interpréteur Java d'exécuter la fonction concernée. Le processus est le suivant :

1. Mise en place en mémoire centrale des variables de définition de la fonction.

2. Transmission à chacune de ces variables de la valeur des paramètres donnés par l'appel de la fonction.

3. Mise en place des variables locales de la fonction.

4. Exécution des instructions de la fonction dans la zone de ses variables.

5. Exécution de return...; qui transmet la valeur calculée à l'instruction en cours d'exécution dans la fonction main(...).

Conclusion

En Java, une fonction comme facto(x) ne peut être exécutée de façon autonome. Elle ne peut l'être que lorsqu'un appel est formulé pendant l'exécution des instructions de la fonction main(...). Elle sera alors exécutée à plusieurs reprises, sans que son code figure plusieurs fois dans le programme. Introduire une fonction dans un programme permet donc de réutiliser son code sans avoir à le réécrire.

Nous présentons maintenant trois exemples qui montrent pourquoi il est intéressant de formuler des programmes avec des fonctions.

Calcul du nombre de combinaisons

Le premier exemple concerne le calcul du nombre de combinaisons, résultat qui intervient lors de la résolution des problèmes de dénombrement.

Rappelons la définition d'une combinaison. Soient E_n un ensemble fini de n éléments et p un entier naturel inférieur à n. On appelle combinaison de p éléments de E_n toute partie de E_n comprenant p éléments. Le nombre de combinaisons de p éléments de E_n vaut alors n!/(p!*(n-p)!).

Nous voulons calculer cette quantité n!/(p!*(n-p)!). Comme nous avons défini la fonction `facto(x)` pour calculer x!, nous utiliserons cette fonction pour réaliser ce calcul. Le nombre de combinaisons à calculer peut alors être traduit par `facto(n)/(facto(p)*facto(n-p))` puisque `facto(n)` calcule n!, `facto(p)` calcule p! et que `facto(n-p)` calcule (n-p)!.

Présentation du programme

Voici le texte du programme qui permet de calculer `facto(n)/(facto(p)*facto(n-p))` :

Listing 11.2 : `combin1.java` — Calcul du nombre de combinaisons

```
 1: public class combin1
 2: {public static int facto(int x)
 3:    {int f,i;
 4:     f=1;
 5:     for(i=1;i<=x;i++) f=f*i;
 6:     return f;
 7:    }
 8:
 9:  public static void main(String args[])
10:    {int n,p,nbcb;
11:     n=Saisie.lire_int("donne n : ");
12:     p=Saisie.lire_int("donne p : ");
13:     nbcb=facto(n)/(facto(p)*facto(n-p));
14:     System.out.println("Nombre de combinaisons
         = "+nbcb);
15:    }
16: }
```

Le programme est défini à l'aide de deux fonctions :

- **Lignes 2 à 7** : **la fonction `facto(x)`**. Son intitulé et son code sont les mêmes que ceux utilisés pour définir l'exemple précédent.

- **Lignes 9 à 15 : la fonction `main(...)`**.Son bloc d'instructions débute par la déclaration des variables du programme. Les variables n et p servent à enregistrer les valeurs des paramètres du nombre de combinaisons à calculer. Et la variable nbcb mémorisera le résultat du calcul. Puis le bloc d'instructions structure quatre instructions successives (lignes 11 à 14). C'est l'affectation `nbcb=facto(n)/(factp(p)*facto(n-p));` donnée ligne 13 qui fait trois fois appel à la fonction `facto(x)`.

Exécution du programme

L'exécution du programme se déroule de la façon suivante :

- **Ligne 10**. Les variables n, p et nbcb sont créées en mémoire centrale.

- **Lignes 11 et 12**. La fonction `Saisie.lire_int(...)` permet à l'utilisateur de donner les valeurs des paramètres n et p. Ces valeurs sont enregistrées dans les variables n et p.

- **Ligne 13**. L'exécution de l'affectation `nbcb=facto(n)/(factp(p)*facto(n-p));` nécessite trois calculs exécutés à partir de trois appels de fonction : `facto(n)`, `facto(p)` et `facto(n-p)`.

Le premier appel `facto(n)` lance l'exécution de la fonction `facto(x)` et provoque la création de la variable x ainsi que la transmission de la valeur de n à la variable x. Puis il entraîne la mise en place des deux variables locales f et i. La fonction `facto(x)` est alors exécutée dans cette zone de variables définies par x, f et i, et la valeur calculée est retournée par `return f;`. Les variables x, f et i sont supprimées de la mémoire lorsque cette exécution est terminée.

Le même processus se déroule lors de l'appel de `facto(p)` et de `facto(n-p)` : nouvelle mise en place de la variable x, transmission de la valeur du paramètre figurant dans l'appel de la fonction, nouvelle création des variables locales, exécution du corps de la fonction puis exécution de `return f;`. Enfin, dépilement des variables x, f et i.

Les trois valeurs retournées sont récupérées par l'expression qui figure à droite du signe égal de l'affectation. Lorsque les trois valeurs sont intégrées par cette expression, l'interpréteur effectue le calcul et le résultat est placé, par affectation, dans la variable `nbcb`.

• **Ligne 14**. La valeur de `nbcb` est alors affichée à l'écran.

Conclusion

La conception du programme découle directement de la formule à calculer. Puisque l'on cherche la valeur de `facto(n)/(facto(p)*facto(n-p))`, le programme doit définir une fonction `facto(x)` pour calculer cette valeur. Ce calcul nécessite trois appels à la fonction `facto(x)`.

Après chaque appel de la fonction `facto(x)`, l'interpréteur Java met en place la variable x de la fonction et ses variables locales, puis il exécute le code de la fonction dans la zone des variables de la fonction. Lorsque le calcul est terminé, les variables de la fonction sont effacées de la mémoire. Quant aux valeurs retournées, elles sont intégrées à chaque fois par l'expression qui figure à droite du signe égal de l'affectation. Ainsi, une même fonction peut être utilisée plusieurs fois dans un programme.

Etude d'un triangle

Le deuxième exemple concerne l'étude d'un triangle OAB défini comme l'indique la Figure 11.2. Dans un repère à deux dimensions, A est un point de coordonnées xA et yA, B est un point de coordonnées xB et yB, et O est le point de coordonnées 0 et 0. Le programme a pour but de déterminer si le triangle est isocèle en O, et s'il est également équilatéral.

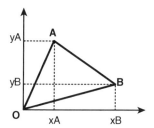

Figure 11.2 : Le triangle à étudier.

Analyse

Pour déterminer si le triangle est isocèle en O, vérifions si la longueur du segment OA est égale à celle du segment OB. Pour déterminer si le triangle est équilatéral, calculons la longueur des trois segments OA, OB et AB, puis vérifions si elles sont égales.

Comme nous devrons effectuer plusieurs fois le calcul de la longueur des segments, nous avons intérêt à définir une fonction qui permet d'effectuer les calculs nécessaires. Soit longueur(x1,y1, x2,y2) cette fonction. Elle est définie avec quatre variables : x1 et y1 sont les coordonnées du premier point, x2 et y2 les coordonnées du deuxième point. Il faut alors définir son code pour qu'elle calcule la longueur du segment correspondant. En voici le texte :

```
public static double longueur(double x1,double
➡y1,double x2,double y2)
    {double valeur;
    valeur=Math.sqrt((x1-x2)*(x1-x2)+(y1-y2)*
    (y1-y2));
    return valeur;
    }
```

La fonction effectue le calcul en utilisant le théorème de Pythagore. (x1-x2)*(x1-x2)+(y1-y2)*(y1-y2) donne le carré de la longueur du segment, et la fonction Math.sqrt(...) en calcule la racine carrée. Dans cette définition, les variables x1, y1, x2 et y2 sont de type double, et le résultat (la valeur retournée) est de type double.

La variable locale valeur, de type double, sert à enregistrer le résultat calculé par la fonction Math.sqrt(...). Ce qui permet ensuite d'écrire la dernière instruction : return valeur;.

En formulant la fonction longueur(x1,y1,x2,y2) de cette façon, nous obtenons la longueur de chacun des segments : longueur(0,0, xA,yA) donne la longueur du segment OA, longueur(0,0,xB,yB) la longueur du segment OB et longueur(xA,yA,xB,yB) la longueur du segment AB. Il suffit alors de comparer les valeurs calculées par chacune de ces fonctions pour décider si le triangle est isocèle en O, et s'il est aussi équilatéral.

Voici le texte du programme correspondant :

Listing 11.3 : `triangle.java` — Etude d'un triangle

```
 1: public class triangle
 2: {public static double longueur(double x1,double
    y1,double x2,double y2)
 3:    {double valeur;
 4:     valeur=Math.sqrt((x1-x2)*(x1-x2)+(y1-y2)*
           (y1-y2));
 5:     return valeur;
 6:    }
 7:
 8:  public static void main(String args[])
 9:    {double xA,yA,xB,yB;
10:     xA=Saisie.lire_double("donne la coordonnee
           xA : ");
11:     yA=Saisie.lire_double("donne la coordonnee
           yA : ");
12:     xB=Saisie.lire_double("donne la coordonnee
           xB : ");
13:     yB=Saisie.lire_double("donne la coordonnee
           yB : ");
14:
15:     if (longueur(0,0,xA,yA)==longueur(0,0,xB,
           yB))
16:     System.out.println("le triangle est isocele
           en O");
17:     else System.out.println("le triangle n'est
           pas isocele en O");
```

```
18:
19:       if (longueur(0,0,xA,yA)==longueur
          (0,0,xB,yB)
20:           && longueur(0,0,xA,yA)==longueur
             (xA,yA,xB,yB))
21:       System.out.println("le triangle est
          equilateral en O");
22:       else System.out.println("le triangle n'est
          pas equilateral en O");
23:     }
24: }
```

Présentation du programme

Le programme est défini avec la fonction longueur(x1,y1,
x2,y2) et la fonction main(...). La fonction main(...) permet
de mettre en place les variables du programme : xA et yA sont les
variables qui mémorisent les coordonnées du point A, et xB et yB
les variables qui mémorisent les coordonnées du point B. Puis la
fonction main(...) est structurée en trois parties :

- **Lignes 10 à 13 :** saisie des données. L'utilisateur donne les
  valeurs de xA et de yA au clavier, puis donne celles de xB et de
  yB. Chacune de ces valeurs est enregistrée par une affectation.

- **Lignes 15 à 17 :** examen de la propriété "triangle isocèle en O".
  La condition de l'instruction conditionnelle est formulée ainsi :

```
15:       if (longueur(0,0,xA,yA)==longueur(0,0,xB,yB))
```

L'interpréteur Java calcule d'abord chacun des termes. Il fait appel
à la fonction longueur(x1,y1,x2,y2) pour calculer le premier
terme longueur(0,0,xA,yA). Il met alors en place les variables
x1, y1, x2 et y2 de la fonction et leur transmet les valeurs des
paramètres : x1 vaut 0, y1 vaut 0, x2 vaut xA et y2 vaut yA. Puis
l'interpréteur Java exécute le code de la fonction en considérant
ces valeurs et retourne ensuite le résultat du calcul. La valeur
calculée remplace alors le terme longueur(0,0,xA,xB) dans la
condition. L'interpréteur recommence le même processus avec
longueur (0,0,xB,yB). Lorsque sa valeur est retournée, elle
remplace le terme longueur(0,0,xB,yB) dans la condition.

L'interpréteur peut alors examiner si la comparaison est vraie ou fausse. Si elle est vraie, le triangle est isocèle en O. Si elle est fausse, le triangle n'est pas isocèle en O.

- **Lignes 19 à 23 :** examen de la propriété "triangle équilatéral". La condition de l'instruction conditionnelle est formulée de la façon suivante :

```
19:     if (longueur(0,0,xA,yA)==longueur(0,0,xB,yB)
20:        && longueur(0,0,xA,yA)==longueur
           (xA,yA,xB,yB))
```

L'interpréteur Java doit faire appel à la fonction longueur(x1, y1,x2,y2) quatre fois de suite pour calculer chacun des termes de la condition. Lorsque la valeur d'un calcul est retournée, elle est intégrée à la condition. Lorsque tous les calculs sont terminés, l'interpréteur Java peut alors décider si la condition est vraie ou non. Si c'est le cas, le triangle est équilatéral, sinon le triangle n'est pas équilatéral.

Nous aurions pu simplifier l'écriture de la fonction longueur(...) en la définissant de la façon suivante :

```
{public static double longueur(double
→x1,double y1,double x2,double y2)
  {return Math.sqrt((x1-x2)*(x1-x2)+
  →(y1-y2)*(y1-y2)); }
```

Calcul de e^x

Le troisième exemple consiste à calculer l'expression ex pour une valeur de x donnée. Cette expression peut s'écrire sous la forme suivante :

$$e^x = 1 + x^1/1! + x^2/2! + \ldots + x^k/k! + \ldots + x^n/n!$$

La valeur à calculer dépend de x mais aussi de la valeur de n. Plus n est grand, plus la précision du calcul est importante.

Analyse

Pour effectuer ce calcul, nous devons transcrire la formule en faisant intervenir des fonctions informatiques. Or, e^x est la somme de $n+1$ termes de la forme $x^k/k!$. x^k peut être calculée par une fonction à deux variables x et k. Nous appellerons puissance(x,k) cette fonction dont nous devons écrire le code. Quant à k!, elle peut être calculée par la fonction facto(k). Formulée ainsi, $x^k/k!$ devient puissance(x,k)/facto(k).

Lorsque nous aurons conçu le code de ces deux fonctions, il sera aisé de calculer e^x. En effet, le code sera le suivant :

```
res=1;
for(k=1;k<=n;k++)
    res=res+(puissance(x,k)/facto(k));
```

res est la variable qui enregistre les valeurs successives de la somme que l'on cherche à calculer. res est initialisée à 1 car la première valeur de la somme à calculer vaut 1. Puis, pour chaque valeur de k allant de 1 à n, il faut ajouter à la somme déjà calculée le résultat du calcul de puissance(x,k)/facto(k). Ce calcul, à l'image de la formule mathématique, conduit donc au résultat qui est une valeur approchée de e^x.

Voici le programme qui permet de calculer e^x, les valeurs de x et de n étant données par l'utilisateur :

Listing 11.4 : expon1.java — Calcul de e^x pour x et n données par l'utilisateur

```
 1: public class expon1
 2: {public static double facto(int x)
 3:    {double f;
 4:     int i;
 5:     f=1;
 6:     for(i=1;i<=x;i++) f=f*i;
 7:     return f;
 8:    }
 9:
10:  public static double puissance(double a, int p)
11:    {double val;
```

```
12:     int i;
13:     val=1;
14:     for(i=1;i<=p ;i++) val=val*a;
15:     return val;
16:     }
17:
18:  public static void main(String args[])
19:    {double x,res;
20:     int n,k;
21:     x=Saisie.lire_double("donne a : ");
22:     n=Saisie.lire_int("donne n : ");
23:
24:     res=1;
25:     for(k=1;k<=n;k++)
26:       res=res+(puissance(x,k)/facto(k));
27:     System.out.println("Resultat = "+res);
28:     }
29: }
```

Présentation du programme

Le programme est défini par trois fonctions : facto(x), puissance(a,p) et main(...) :

- **Lignes 2 à 8 :** la fonction facto(x). Elle a une définition similaire à celle que nous avons présentée précédemment. La seule différence est que la valeur retournée est de type double. D'où l'intitulé de la fonction :

  ```
  2: {public static double facto(int x)
  ```

Cette modification est due à l'intervention de la valeur retournée dans le quotient puissance(x,k)/facto(k) : si nous voulons que le résultat soit un nombre décimal, il est préférable que facto(k) prenne une valeur décimale.

- **Lignes 10 à 16 :** la fonction puissance(a,p). Elle calcule a^p. Elle est définie à l'aide de deux variables locales val et i. val et i sont initialisées à 1. Puis la répétition for(...)... assure que la valeur val est multipliée par a le nombre de fois voulu, c'est-à-dire p fois. Ce qui permet de calculer a^p. Il suffit alors de retourner la valeur de la variable val en effectuant return val;.

- **Lignes 18 à 28 :** la fonction main(…).Elle définit les variables du programme x, res, n et k. Elle permet à l'utilisateur de donner les valeurs de x et de n. Puis, pour toutes les valeurs de k allant de 1 à n, elle effectue le calcul res=res+(puissance(x,k)/facto(k)); et en affiche la valeur.

La variable x intervient de deux façons : x est déclarée comme variable locale de la fonction main(...) puis déclarée comme variable de définition de la fonction facto(x). Cela ne pose pas de problème car, en fait, ces deux variables x sont différentes. La première variable x prend place dans la zone des variables du programme, lors de l'exécution de la fonction main(...). La seconde est mise en place dans la zone d'exécution de la fonction facto(x) et supprimée dès que l'exécution de la fonction est terminée.

Résultats de l'exécution

Prenons un exemple. Soit x=1. Calculons e^x, c'est-à-dire e. Lorsque n=5, le résultat vaut 2,716 666 666 666 666 3, une valeur très approximative de e. Mais si n vaut 17, le résultat vaut 2,718 281 828 459 045 5, une bonne approximation de la valeur de e.

Si l'on poursuit le calcul en prenant n=20 ou n=100, le résultat reste le même. Les valeurs puissance(x,n)/facto(n) sont en effet de plus en plus petites et deviennent inférieures à la plus petite des valeurs que le langage Java permet d'enregistrer dans la mémoire centrale. Tous les termes ajoutés au-delà de n=17 sont considérés comme nuls, et le résultat reste le même.

Conclusion

Un programme Java est d'abord structuré par le code de sa fonction main(...) et contient éventuellement d'autres fonctions. Lors de son exécution, le programme exécute le code de sa fonction main(...). C'est dans ce cadre qu'il exécute les autres fonctions.

L'exécution d'une fonction a lieu suite à un appel de fonction. L'interpréteur Java met alors en place les variables de la fonction et ses variables locales. C'est dans cette zone de variables que s'exécute la fonction. Lorsque l'exécution de la fonction est terminée, la zone de ses variables est effacée.

Pour bien concevoir les programmes qui nécessitent des fonctions, il suffit souvent de transcrire les formules mathématiques étudiées en des expressions qui mettent en jeu des fonctions informatiques dont il convient ensuite d'écrire le code. Les expressions ainsi écrites donnent directement la formulation des appels de fonction.

Chapitre 12

Application : étude d'un tableau de nombres

Au sommaire de ce chapitre

- Présentation
- Le programme

L'application abordée dans ce chapitre concerne l'étude d'un tableau de nombres. Elle est structurée par plusieurs fonctions, chacune permettant de réaliser un traitement spécifique sur le tableau des nombres. Cette application propose à l'utilisateur la liste des traitements possibles et ce dernier choisit le traitement qui l'intéresse. Elle est construite avec des fonctions conçues sans variables de définition, qui ne retournent pas de valeur mais agissent de façon cohérente sur le tableau de nombres en utilisant des variables globales.

Présentation

L'application est conçue pour que l'utilisateur puisse créer un tableau de nombres constitué de cent cases mémoire et effectuer différents traitements sur ce tableau. Les traitements proposés sont les suivants :

- placer une première série de nombres dans le tableau ;

- afficher les nombres du tableau ;

- ajouter des nombres aux nombres du tableau ;

- modifier la valeur d'un nombre du tableau ;

- calculer la moyenne des nombres du tableau ;

- afficher les nombres dont la valeur est supérieure à celle de la moyenne ;

- calculer la valeur du nombre le plus grand et la valeur du nombre le plus petit ;

- calculer la valeur du plus grand écart entre deux nombres successifs dans le tableau ;

- déterminer si les nombres du tableau sont tous compris entre deux bornes.

Chaque traitement sera assuré par l'exécution d'une fonction. Après avoir demandé à l'utilisateur combien de nombres il souhaitait placer au début de l'étude, le programme exécutera une première fonction pour assurer la saisie des nombres. Le programme proposera ensuite à l'utilisateur de choisir un traitement dans un menu. L'utilisateur pourra alors effectuer le traitement qui l'intéresse et continuer ainsi tant qu'il le désire.

Fonctions du programme

Voici les fonctions correspondant aux traitements que nous venons de présenter :

- La fonction mettre_nombres() permet de saisir une première série de nombres dans le tableau.

- La fonction `affichage()` permet d'afficher les nombres du tableau.

- La fonction `ajout()` permet d'ajouter plusieurs nombres à la suite des nombres déjà présents dans le tableau.

- La fonction `modif()` offre la possibilité de modifier une valeur du tableau après avoir donné sa position dans le tableau.

- La fonction `moyenne()` permet de calculer la moyenne des nombres qui figurent dans le tableau.

- La fonction `aff_nbsupmoy()` réalise l'affichage des nombres dont la valeur est supérieure à la moyenne des nombres.

- La fonction `maxmin()` calcule la valeur la plus grande et la valeur la plus petite des nombres du tableau.

- La fonction `plusgrandecart()` détermine la valeur du plus grand écart entre deux nombres placés côte à côte dans le tableau.

- La fonction `touscompris()` examine si tous les nombres du tableau ont leurs valeurs comprises entre deux bornes.

Variables globales du programme

Toutes ces fonctions sont définies sans argument. C'est notre choix (mais d'autres formulations sont possibles). Comme aucune de ces fonctions ne possède de variables de définition, aucune valeur ne pourra leur être transmise lors des appels de fonction formulés dans la fonction `main(...)`. Cela nous contraint à introduire des variables globales dont les valeurs sont accessibles à tout moment à chacune des fonctions. Ces variables seront déclarées de la façon suivante au début du programme :

```
static double[] tabnb;
static int nbval;
static double moy;
```

La variable `tabnb` est une variable de type tableau qui définit le tableau de nombres. La variable `nbval` sert à enregistrer la quantité de nombres placés dans le tableau de nombres. Et la variable `moy` sert à mémoriser la moyenne des nombres du tableau.

Pour que ces trois variables soient des variables globales dans un programme Java, il faut qu'elles soient déclarées `static`. Nous avons donc introduit ce terme pour chacune des variables. Ces dernières sont alors mises en place en mémoire centrale dès le début de l'exécution du programme, avant que la fonction `main(...)` soit exécutée. Elles demeurent en mémoire jusqu'à la fin de l'exécution du programme. Déclarées `static`, ces variables sont accessibles à tout moment par n'importe quelle fonction. Leurs valeurs pourront être exploitées par toutes les fonctions du programme.

Dans ce contexte, les fonctions que nous étudions n'ont pas besoin de retourner une valeur. Elles auront donc toutes un intitulé commençant par `public static void ...`, void exprimant qu'il n'y a pas de valeur à prendre en compte pour la valeur retournée. Ne retournant aucune valeur, les fonctions n'ont pas besoin d'avoir l'instruction `return...;` comme dernière instruction.

Structure du programme

Le programme qui en découle est alors structuré de la façon suivante :

```
public class fonct_tabnbs0
  {static double[] tabnb;
   static int nbval;
   static double moy;

   public static void mettre_nombres()
     {…}
   public static void affichage()
     {…}
   public static void ajout()
     {…}
   public static void modif()
     {…}
```

```
   public static void moyenne()
     {…}
   public static void aff_nbsupmoy()
     {…}
   public static void maxmin()
     {…}
   public static void plusgrandecart()
     {…}
   public static void touscompris()
     {…}
   public static void main(String[] args)
     {…}
 }
```

Le programme

Le texte du programme est le suivant :

Listing 12.1 : `fonct_tabnbs0.java` — Etude d'un tableau de nombres à l'aide de fonctions

```
1: public class fonct_tabnbs0
2: {static double[] tabnb;
3:  static int nbval;
4:  static double moy;
5:
6:  public static void mettre_nombres()
7:    {int i;
8:     for(i=0;i<nbval;i++)
9:       tabnb[i]=Saisie.lire_double("nb "+i+" : ");
10:    moyenne();
11:    }
12:
13:  public static void affichage()
14:    {int i,nblignes;
15:     char rep;
16:     nblignes=0;
17:     for(i=0;i<nbval;i++)
18:       {System.out.println(i+": "+tabnb[i]);
19:        if (nblignes!=19) nblignes=nblignes+1;
```

```
20:          else {rep=Saisie.lire_char("--> suite
             affichage : tape sur la touche S ");
21:               nblignes=0;}
22:        }
23:     }
24:
25:   public static void ajout()
26:     {int i,n;
27:      n=Saisie.lire_int("nombre de nombres a
         ajouter : ");
28:      if ((nbval+n)<100)
29:        {for(i=nbval;i<nbval+n;i++)
30:           tabnb[i]=Saisie.lire_double("nb
            "+i+" : ");
31:         nbval=nbval+n;
32:         moyenne();}
33:      else System.out.println(n+" est trop grand");
34:     }
35:
36:   public static void modif()
37:     {int numero;
38:      numero=Saisie.lire_int("donne le numero du
         nombre a modifier : ");
39:      if (numero<nbval)
40:        {tabnb[numero]=Saisie.lire_double
          ("nouvelle valeur : ");
41:         moyenne();
42:        }
43:      else System.out.println(numero+" est trop
         grand");
44:     }
45:
46:   public static void moyenne()
47:     {int i;
48:      double s;
49:      s=0;
50:      for(i=0;i<nbval;i++)
51:        s=s+tabnb[i];
52:      moy=s/nbval;
53:      System.out.println("la moyenne vaut "+moy);
54:     }
55:
```

```
56:    public static void aff_nbsupmoy()
57:      {int i,nblignes;
58:       char rep;
59:       nblignes=0;
60:       for(i=0;i<nbval;i++)
61:         if (tabnb[i]>moy)
62:           {System.out.println(i+": "+tabnb[i]);
63:            if (nblignes!=19) nblignes=nblignes+1;
64:            else {rep=Saisie.lire_char("--> suite
                 affichage : tape sur la touche S ");
65:                  nblignes=0;}
66:           }
67:       System.out.println("car la moyenne vaut
           "+moy);
68:      }
69:
70:    public static void maxmin()
71:      {int i;
72:       double max,min;
73:       min=tabnb[0];
74:       max=tabnb[0];
75:       for(i=1;i<nbval;i++)
76:         {if(tabnb[i]>max)max=tabnb[i];
77:          if(tabnb[i]<min)min=tabnb[i];}
78:       System.out.println("maximun = "+max+"
           minimum = "+min);
79:      }
80:
81:    public static void plusgrandecart()
82:      {double ecart,diff;
83:       int i;
84:       diff=tabnb[0]-tabnb[1];
85:       if (diff>0) ecart=diff;
86:       else ecart=-diff;
87:       for(i=1;i<nbval-1;i++)
88:         {diff=tabnb[i]-tabnb[i+1];
89:          if (diff<0) diff=-diff;
90:          if (diff>ecart) ecart=diff;}
91:       System.out.println("plus grand ecart = "
           +ecart);
92:      }
93:
```

```
 94:    public static void touscompris()
 95:     {int i;
 96:      double v1,v2;
 97:      int prop;
 98:      v1=Saisie.lire_double("premiere valeur : ");
 99:      v2=Saisie.lire_double("deuxieme valeur : ");
100:      i=0;
101:      prop=1;
102:      while(i<nbval && prop==1)
103:        {if (tabnb[i]<v1 || tabnb[i]>v2) prop=0;
104:         i=i+1;}
105:      if (prop==1)System.out.println("les nbs
         sont tous compris entre "+v1+" et "+v2);
106:      else System.out.println("les nbs ne sont
         pas tous compris entre "+v1+" et "+v2);
107:     }
108:
109:    public static void main (String[] args)
110:     {int reponse;
111:      tabnb=new double[100];
112:      do nbval=Saisie.lire_int("donne le nombre
         de nombres du tableau : ");
113:      while (nbval>100);
114:      mettre_nombres();
115:
116:      reponse=77;
117:      while (reponse !=9)
118:        {System.out.println();
119:         System.out.println("1: affichage de tous
           les nombres");
120:         System.out.println("2: ajout de nombres");
121:         System.out.println("3: modification d'un
           nombre");
122:         System.out.println("4: affichage de la
           moyenne");
123:         System.out.println("5: affichage des
           nombres > moyenne");
124:         System.out.println("6: max et min des
           nombres");
125:         System.out.println("7: plus grand ecart
           entre 2 nbs successifs");
126:         System.out.println("8: tous les nbs
           compris entre deux bornes?");
```

```
127:        System.out.println("9: FIN");
128:        reponse=Saisie.lire_int("CHOIX ? ");
129:        System.out.println();
130:        switch(reponse)
131:          {case 1:{affichage();break;}
132:           case 2:{ajout();break;}
133:           case 3:{modif();break;}
134:           case 4:{System.out.println(moy);
                       break;}
135:           case 5:{aff_nbsupmoy();break;}
136:           case 6:{maxmin();break;}
137:           case 7:{plusgrandecart();break;}
138:           case 8:{touscompris();break;}
139:           case 9: System.out.println("A bientot");
140:          }
141:       }
142:    }
143:  }
```

Utilisation des variables globales

Les fonctions sont toutes définies sans argument, excepté la fonction main(...). Elles ne retournent pas de valeur. Mais comme les variables tabnb, nbval et moy sont déclarées static au début du programme (lignes 2 à 4), ces variables sont alors des variables globales et les fonctions peuvent utiliser directement les valeurs y figurant.

Prenons un exemple. Considérons la fonction mettre_nombres() :

```
6:  public static void mettre_nombres()
7:    {int i;
8:     for(i=0;i<nbval;i++)
9:        tabnb[i]=Saisie.lire_double("nb "+i+" : ");
10:    moyenne();
11:    }
```

La fonction utilise une variable locale i et les variables static nbval et tabnb[i]. Ainsi, pour chaque valeur de i allant de 0 à nbval-1, Saisie.lire_double("...") permet à l'utilisateur de donner un nombre dont la valeur est placée dans la variable tab[i]

par affectation (lignes 8 et 9). Cela est possible car toutes les varia-bles tabnb[i] sont des variables globales directement accessibles lors de l'exécution de la fonction. De plus, les valeurs tabnb[i] restent en mémoire au-delà de l'exécution de la fonction et sont alors utilisables par n'importe quelle autre fonction.

Puis la fonction mettre_nombres() fait appel à la fonction moyenne() à la ligne 10. Son code est le suivant :

```
46:   public static void moyenne()
47:     {int i;
48:      double s;
49:      s=0;
50:      for(i=0;i<nbval;i++)
51:        s=s+tabnb[i];
52:      moy=s/nbval;
53:      System.out.println("la moyenne vaut "+moy);
54:     }
```

La fonction moyenne() utilise les variables locales i et s, ainsi que les variables static nbval, tabnb[i] et moy. Comme la fonction a accès aux valeurs tabnb[i] placées dans le tableau par la fonction mettre_nombres(), elle calcule la somme s des nombres du tableau en ajoutant les valeurs tabnb[i] (lignes 49 à 51). Puis elle calcule la moyenne de ces nombres en effectuant l'affectation moy=s/nbval; (ligne 52). Le résultat de la division est ainsi placé directement dans la variable moy, qui est une variable globale restant en place tout au long de l'exécution du programme. En procédant ainsi, la fonction transmet le résultat qu'elle a calculé sans avoir besoin de retourner une valeur. (Il n'est pas nécessaire de placer l'instruction return...; à la fin du code de la fonction.)

Fonctions du programme

Voici quelques précisions sur les fonctions :

- **Lignes 13 à 23 et lignes 56 à 68**. Les fonctions affichage() et aff_nbsupmoy() affichent sur un écran vingt nombres au maximum. Si la quantité de nombres à afficher est supérieure à 20, les fonctions demandent à l'utilisateur de taper sur la touche "S" pour permettre l'affichage des vingt nombres suivants (lignes 19 à 21 et lignes 63 à 65).

- **Lignes 25 à 34**. La fonction `ajout()` ajoute `n` nombres au tableau de nombres. De ce fait, `nbval` prend la valeur de `nbval+n` si cette valeur est inférieure à 100 qui est la taille du tableau (voir ligne 111).

- **Lignes 36 à 44**. La fonction `modif()` demande la position du nombre à modifier. Une autre version est possible en formulant une fonction qui recherche directement la valeur à modifier et retourne sa position dans le tableau. Il suffit ensuite, dans les deux cas, de modifier la valeur qui figure à cette position.

- **Lignes 46 à 54.** La fonction `moyenne()` est exécutée dès qu'une modification a lieu dans le tableau de nombres : elle est exécutée à la fin de l'exécution de la fonction `mettre_nombres()` (ligne 10), à la fin de l'exécution de la fonction `ajout()` (ligne 32) et à la fin de celle de la fonction `modif()` (ligne 41). La valeur de la variable globale `moy` est donc constamment à jour.

- **Lignes 70 à 79.** La fonction `maxmin()` utilise les variables locales `max` et `min` (ligne 72). Ces deux variables sont initialisées avec la valeur de `tab[0]` et non avec 0 car cette dernière valeur peut conduire à des erreurs.

- **Lignes 81 à 92.** La fonction `plusgrandecart()` recherche l'écart le plus grand entre deux nombres successifs du tableau. Si `tab[i]-tab[i+1]` constitue la différence entre deux nombres successifs, il faut veiller à ne pas dépasser les limites du tableau : `i` doit donc être strictement inférieur à `nbval-1` (ligne 87). De plus, si la différence `diff=tab[i]-tab[i+1]` est négative, il faut la rendre positive car la notion d'écart est une notion arithmétique : d'où l'instruction `if(diff<0) diff=-diff;` (ligne 89).

- **Lignes 94 à 107.** La fonction `touscompris()` demande à l'utilisateur de donner la valeur des deux bornes `v1` et `v2`. Puis elle attribue à la variable `prop` la valeur 1. Cela signifie que l'on suppose *a priori* que la propriété "tous les nombres du tableau sont compris entre `v1` et `v2`" est vraie. Mais si l'on constate que la propriété est fausse, `prop` est mise à 0 et l'exécution de la répétition est arrêtée. Au terme de l'exécution de la répétition, il est possible de conclure selon la valeur de la variable `prop`.

Fonction *main(…)*

La fonction `main(...)` assure le déroulement de l'exécution du programme. Cette fonction est structurée de la façon suivante :

- **Ligne 111**. L'instruction `tabnb=new double[100];` permet de créer un tableau de cent cases mémoire désignées par `tabnb[0]`, `tabnb[1]`,…, `tabnb[99]`. Ces cent variables sont toutes de type `double`.

- **Lignes 112 et 113**. L'affectation `nbval=Saisie.lire_int ("...");` permet d'enregistrer la quantité de nombres que l'utilisateur a décidé de retenir pour réaliser la première saisie des nombres. L'instruction `do...while...` permet à l'utilisateur de recommencer sa saisie tant que la valeur proposée n'est pas inférieure ou égale à 100.

- **Ligne 114**. Après avoir créé un tableau de cent cases et enregistré la quantité de nombres à placer dans le tableau, la fonction `main(...)` fait appel à la fonction `mettre_nombres()` qui assure la saisie des nombres dans la partie utile du tableau dont les cases sont numérotées de 0 à `nbval-1`.

- **Lignes 116 à 142**. La fonction `main(...)` est structurée par une répétition `while...` dont la condition dépend de la valeur de la variable `reponse`. Tant que l'utilisateur ne donne pas la valeur 9 à la variable `reponse`, la répétition `while...` affiche un menu qui donne l'ensemble des traitements pouvant être effectués sur le tableau de nombres (lignes 118 à 127). La répétition exécute alors le traitement choisi par l'utilisateur. Mais dès que `reponse` vaut 9, le programme affiche `"A bientot"` puis l'interpréteur Java met fin à l'exécution de la répétition.

Lorsque l'utilisateur a choisi d'exécuter l'un des traitements proposé dans le menu en ayant fourni une valeur comprise entre 1 et 8, cette valeur devient celle de la variable `reponse` (ligne 128). Puis, l'instruction `switch(reponse){...}` permet à la fonction `main(...)` de sélectionner le cas correspondant. Au cas choisi est associé un appel de fonction immédiatement pris en compte par l'interpréteur Java qui lance alors l'exécution de la fonction correspondante.

Lorsque l'exécution de la fonction est terminée, l'interpréteur Java examine si la condition (reponse !=9) est encore vraie. C'est le cas puisque chaque exécution de fonction a lieu lorsque la valeur de reponse est différente de 9. Et à nouveau, la fonction main(...) affiche le menu.

La fonction main(...) propose neuf choix. L'utilisateur peut donc ajouter dans le tableau autant de nombres qu'il le souhaite en choisissant la valeur 2, modifier un nombre en choisissant la valeur 3, ou calculer le plus grand écart entre deux nombres successifs en choisissant la valeur 7, etc. L'utilisateur a toute liberté pour opérer comme il l'entend parmi les choix proposés. Mais dès qu'il donne la valeur 9, la condition de la répétition while... devient fausse et l'exécution de cette répétition est interrompue. Comme il n'y a pas d'autres instructions dans la fonction main(...), l'exécution du programme est alors terminée.

Conclusion

Ce programme a une portée générale puisqu'il permet d'étudier des données mémorisées dans un tableau et de proposer à l'utilisateur plusieurs traitements, chaque traitement étant pris en charge par une fonction exécutée lorsque l'utilisateur en a fait le choix.

Notons également la construction modulaire du programme qui provient de la structuration en fonctions. Chaque fonction peut être élaborée indépendamment des autres fonctions, en prenant en compte uniquement les variables globales du programme et en intégrant des variables locales à la fonction lors de la conception de son code.

Nous pouvons donc ajouter autant de nouvelles fonctions que nous souhaitons dans ce programme : compter la quantité de nombres ayant une caractéristique donnée, rechercher s'il existe plusieurs nombres de suite ayant la même valeur, construire un histogramme à partir des données du tableau, classer les nombres par valeurs croissantes, insérer un nombre dans les nombres du tableau... Il faut alors enrichir le menu et associer à chaque valeur de la variable reponse un appel de fonction correspondant au traitement étudié.

Chapitre 13

Application : étude
des nombres premiers

Au sommaire de ce chapitre

- Un nombre est-il premier ?
- Recherche des nombres premiers
- Recherche des nombres premiers jumeaux
- La conjecture de Goldbach
- Conclusion

Nous proposons d'étudier les nombres premiers en réalisant et en exécutant plusieurs programmes. Nous examinerons d'abord trois programmes qui permettent de déterminer si un nombre est premier. Puis nous formulerons deux programmes qui recherchent les nombres premiers compris entre deux bornes : le premier programme effectuera systématiquement cette recherche, le deuxième mettra en œuvre une méthode formulée par Eratosthène. Enfin, nous proposerons deux autres programmes qui emploient une fonction booléenne pour déterminer si un nombre est premier et étudient deux problèmes classiques : les nombres premiers jumeaux et la conjecture de Goldbach.

Ces programmes mettent en jeu l'ensemble des instructions étudiées précédemment. Les instructions de répétition sont formulées selon les trois syntaxes : `for(...)...`, `while...` et `do...while...`

Un nombre est-il premier ?

Rappelons la définition d'un nombre premier : le nombre entier est premier s'il est uniquement divisible par 1 et par lui même. Ainsi, 13 est un nombre premier car aucun des nombres allant de 2 à 12 n'est un diviseur de 13 et seuls les nombres 1 et 13 divisent ce nombre. Par contre, 30 n'est pas un nombre premier car il est divisible par 2, 3, 5, 6, 10 et 15.

Voici trois programmes qui permettent de déterminer si un nombre x est premier.

Premier programme

La propriété étudiée par ce premier programme est de savoir si "x est un nombre premier". Nous définissons une variable prop qui prend initialement la valeur 1 et signifie que, *a priori*, la propriété est vraie. Mais dès que nous constatons que la propriété est fausse, la variable prop est mise à 0 et le traitement arrêté. Ce programme correspond à la version n°2 de l'étude proposée au Chapitre 9.

Le texte du premier programme est le suivant :

Listing 13.1 : `nbpremier1.java` — Premier programme : x est-il un nombre premier ?

```
1: public class nbpremier1
2: {public static void main(String args[])
3:   {int i,x,prop;
4:    x=Saisie.lire_int("donne un nombre entier : ");
5:    prop=1;
6:    i=2;
```

```
 7:      while (i<x && prop==1)
 8:         {if (x%i==0) prop=0;
 9:         i=i+1;}
10:      if (prop==1) System.out.println(x+" est un
         nombre premier");
11:      else System.out.println(x+" n'est pas un
         nombre premier");
12:      }
13: }
```

Le programme est structuré en trois parties :

- **Ligne 4**. Saisie.lire_int("...") permet à l'utilisateur de donner la valeur numérique qu'il veut étudier. Par affectation, cette valeur devient celle de x.

- **Lignes 5 à 9**. Après l'initialisation des variables prop à 1 et i à 2, la répétition while... est exécutée tant que sa condition (i<x && prop==1) reste vraie. Lorsque la condition est vraie, le programme exécute les deux instructions du bloc d'instructions.

Le programme examine d'abord si la condition (x%i==0) de l'instruction conditionnelle est vraie (ligne 8). Il calcule la valeur de x%i avec l'opérateur % qui donne la valeur du reste de la division entière de x par i. Si le reste de la division est égal à 0, i est un diviseur de x et x n'est pas un nombre premier : la valeur de prop est alors mise à 0. Puis, i est toujours augmenté de 1 par l'affectation i=i+1; (ligne 9).

L'exécution du bloc d'instructions est alors terminée et le programme examine à nouveau si la condition de while... est encore vraie. La condition est vraie si i est inférieur à x et si prop a conservé la valeur 1. Dans ce cas, le programme exécute à nouveau les instructions du bloc d'instructions. Mais dès que prop a pour valeur 0, la condition de while... devient fausse, et l'exécution de l'instruction de répétition est interrompue.

- **Lignes 10 et 11**. Au terme de l'exécution de l'instruction while..., la variable prop possède une certaine valeur. Si prop a conservé la valeur 1, aucune valeur de i comprise entre 2 et x-1 n'est un diviseur de x et x est un nombre premier. Dans le cas contraire, x n'est pas un nombre premier.

Deuxième programme

Le deuxième programme est conçu sans introduire de variable
prop. Il se propose d'étudier la propriété "x est un nombre premier"
et de poursuivre l'étude de x tant que i qui prend les valeurs de 2 à
x-1 n'est pas un diviseur de x, c'est-à-dire tant que x%i!=0 est vraie.
Ce programme correspond à la version n°3 de l'étude présentée au
Chapitre 9.

Voici ce programme qui étudie si le nombre x est premier ou non :

**Listing 13.2 : `nbpremier2.java` — Deuxième programme : x est-il un
nombre premier ?**

```
 1: public class nbpremier2
 2: {public static void main(String args[])
 3:   {int i,x;
 4:    x=Saisie.lire_int("donne un nombre entier : ");
 5:    i=2;
 6:    while (i<x && x%i!=0)
 7:       i=i+1;
 8:    if (i==x) System.out.println(x+" est un
       nombre premier");
 9:    else System.out.println(x+" n'est pas un
       nombre premier");
10:   }
11: }
```

Le programme est structuré de la façon suivante :

- **Ligne 4**. La valeur donnée par l'utilisateur est saisie par la fonction `Saisie.lire_int("...")` et devient la valeur de x.

- **Lignes 5 à 7**. La répétition while... a pour condition (i<x &&
  x%i!=0). L'interpréteur Java examine si cette condition est vraie
  en considérant d'abord i<x. Si c'est le cas, il considère x%i et
  effectue le calcul. Puis il examine si la valeur du reste donnée par
  cette opération est égale à 0. Si le reste est différent de 0, i n'est
  pas un diviseur de x. Dans ce cas, rien n'empêche que x soit un
  nombre premier : il faut alors poursuivre l'examen du nombre x,
  et i est augmenté de 1 par l'exécution de l'instruction i=i+1;.

Par contre, si le reste de la division est égal à 0, la seconde partie de la condition est fausse, et l'exécution de la répétition while... est interrompue. La répétition s'exécute donc plusieurs fois, i étant augmenté de 1 à chaque exécution, jusqu'à ce que la condition (i<x && x%i!=0) devienne fausse, soit parce que i a pris la valeur x, soit parce que x%i a retourné la valeur 0 lorsque i est un diviseur de x.

• **Lignes 8 et 9**. Au terme de l'exécution de la répétition while..., la variable i a une certaine valeur. Si i vaut x, cela signifie que toutes les valeurs de i allant de 2 à x-1 ne sont pas des diviseurs de x. Dans ce cas, x est un nombre premier. Dans le cas contraire, x n'est pas un nombre premier.

Ces deux premiers programmes donnent une réponse exacte et peuvent être utilisés tous les deux. Mais il serait souhaitable d'en améliorer la performance. Nous le ferons avec le troisième programme.

Troisième programme

Comment améliorer la performance du programme précédent ? En examinant les valeurs successives de i allant de 2 jusqu'à x-1, vous pouvez vous demander s'il est utile d'examiner les dernières valeurs de x. En effet, si x vaut 13, étudier 10, 11 puis 12 est inutile car ces nombres ne sont évidemment pas des diviseurs de 13. En fait, dès que l'on dépasse la racine carrée du nombre x, les valeurs de i suivantes ne peuvent être des diviseurs de x. Ainsi, pour x=13, il n'est pas utile d'aller au-delà de 3,60, sa racine carrée. Plus précisément, il n'est pas utile d'aller au-delà de la partie entière de sa racine carrée, c'est-à-dire 3.

Nous pouvons alors proposer une nouvelle version du programme précédent en faisant varier i de 2 jusqu'à (int)(Math.sqrt(x)), la valeur entière de la racine carrée de x :

Listing 13.3 : nbpremier3.java — Troisième programme : x est-il un nombre premier ?

```
1: public class nbpremier3
2: {public static void main(String args[])
3:    {int i,x,val;
```

```
4:        x=Saisie.lire_int("donne un nombre entier : ");
5:        i=2;
6:        val=(int)(Math.sqrt(x));
7:        while (i<=val && x%i!=0)
8:            i=i+1;
9:        if (i==val+1) System.out.println(x+" est un
          nombre premier");
10:       else System.out.println(x+" n'est pas un
          nombre premier");
11:    }
12: }
```

Le programme est défini de la façon suivante :

- **Ligne 4**. x prend la valeur que l'utilisateur donne au clavier.

- **Lignes 5 à 8**. Le programme initialise i à 2 puis calcule la valeur entière de la racine carrée de x et met cette valeur dans la variable val :

```
6:        val=(int)(Math.sqrt(x));
```

Le programme étudie ensuite toutes les valeurs de i allant de 2 à val. Dès que x%i!=0 est fausse, le programme interrompt l'exécution de la répétition. Sinon, il augmente i de 1 pour étudier la valeur de i suivante.

- **Lignes 9 et 10**. Si i vaut val+1, cela signifie que i allant de 2 à val n'a jamais été un diviseur de x. Dans ce cas, le nombre x est un nombre premier. Dans le cas contraire, x n'est pas un nombre premier.

Ce programme est donc en mesure de mener l'étude de x en limitant le domaine de variation de i de 2 à la racine carrée de x. Les temps d'exécution sont alors beaucoup plus courts que ceux du programme précédent. Cette version nous servira de référence pour la conception des programmes suivants.

Recherche des nombres premiers

Nous souhaitons maintenant déterminer tous les nombres premiers compris entre deux valeurs. Nous proposons pour cela deux programmes : le premier étudie tous les nombres compris entre ces deux bornes systématiquement, le deuxième met en forme la méthode du crible d'Eratosthène.

Etude de tous les nombres compris entre deux bornes

Le programme doit permettre à l'utilisateur de donner la valeur des deux bornes puis d'examiner chaque nombre compris entre ces deux bornes pour déterminer s'il est premier. Le programme est donc structuré par une double répétition : la première boucle permet de prendre en compte toutes les valeurs x allant de la première borne à la seconde, et la seconde boucle permet d'examiner si chaque valeur de x est un nombre premier. Le programme affiche les nombres premiers au fur et à mesure de l'étude des nombres et calcule combien il y a de nombres premiers entre les deux bornes.

Voici le texte du programme :

Listing 13.4 : `nbsprem1.java` — Recherche des nombres premiers compris entre deux bornes

```
 1: public class nbsprem1
 2: {public static void main(String args[])
 3:    {int nb1,nb2,x,i,val,nbx;
 4:     nb1=Saisie1.lire_int("donne un nombre nb1 : ");
 5:     nb2=Saisie1.lire_int("donne un nombre nb2 : ");
 6:     nbx=0;
 7:     System.out.println("Les nombres premiers
        entre "+nb1+" et "+nb2+" :");
 8:     for (x=nb1;x<=nb2;x++)
 9:        {i=2;
10:         val=(int)(Math.sqrt(x));
11:         while(i<=val && x%i!=0)
12:              i=i+1;
```

```
13:              if (i==val+1) {nbx=nbx+1;
14:                         System.out.print(x+" ");}
15:          }
16:      System.out.println();
17:      System.out.println("il y a "+nbx+" nombres
         premiers");
18:    }
19: }
```

Le programme est construit avec les variables suivantes, toutes de type int :

- Les variables nb1 et nb2 définissent les deux bornes.

- La variable x permet d'étudier chaque valeur comprise entre nb1 et nb2 .

- La variable i permet d'étudier les divisions entières de x par i.

- La variable val donne la valeur entière de la racine carrée de chaque valeur x.

- La variable nbx permet de calculer la quantité de nombres premiers compris entre nb1 et nb2.

Le programme permet de réaliser successivement la saisie des valeurs nb1 et nb2 (lignes 4 et 5), d'étudier chacun des nombres x compris entre les deux bornes nb1 et nb2 (lignes 6 à 15), et d'afficher combien il y a de nombres premiers entre ces deux bornes (lignes 16 et 17).

La double boucle est structurée par la boucle extérieure for (x=nb1;x<=nb2;x++) {...} et la boucle intérieure while... Pour chaque valeur de x allant de nb1 à nb2, le programme étudie si x est un nombre premier. Pour cela, il utilise le code du programme précédent (voir Listing 13.3) dans lequel intervient la répétition while... Lors de l'examen de la valeur finale de i (lignes 13 et 14), il affiche la valeur du nombre si celui-ci est premier. Dans ce cas, il ajoute +1 à nbx qui est la variable enregistrant la quantité de nombres premiers.

Le crible d'Eratosthène

Le deuxième programme réalise le crible d'Eratosthène. Eratosthène, mathématicien et astronome grec, a proposé une méthode efficace pour déterminer les nombres premiers inférieurs à une valeur nb, nb pouvant être très grand. Sa méthode consiste à éliminer les multiples des nombres premiers successifs mis en évidence, en s'arrêtant à la racine carrée du nombre nb :

- Ecrire tous les entiers de 2 à nb.

- Enlever tous les multiples de 2 en conservant la valeur 2.

- Repérer le premier nombre plus grand que 2 et enlever tous ses multiples sauf lui-même : le premier nombre plus grand que 2 est 3, et il faut alors supprimer tous les multiples de 3 sauf la valeur 3.

- Repérer le premier nombre plus grand que 3, et enlever tous ses multiples sauf lui-même : le premier nombre plus grand que 3 est 5, et il faut alors supprimer tous les multiples de 5 sauf la valeur 5.

- Refaire le traitement précédent autant de fois que nécessaire.

- Arrêter le processus une fois la racine carrée de nb atteinte. Nous obtenons la table des nombres premiers de 2 jusqu'à nb.

Le programme que nous proposons reprend cette méthode. Il crée d'abord un tableau de taille suffisante désigné par la variable tab et initialise son contenu en plaçant la valeur entière i dans chaque case tab[i] du tableau. Puis, il élimine les multiples des nombres premiers en remplaçant la valeur i de la ième case concernée par la valeur 0. Au terme du processus, toutes les valeurs tab[i] du tableau différentes de 0 sont des nombres premiers.

Voici le programme qui met en œuvre cette méthode :

Listing 13.5 : `crible1.java` — Le crible d'Eratosthène

```
1: public class crible1
2: {public static void main(String args[])
3:   {int [] tab;
4:    int nb,val,x,i;
5:    nb=Saisie.lire_int("donne le nombre maximum
       etudie : ");
```

```
 6:      tab=new int[nb+1];
 7:      for(i=2;i<=nb;i++)
 8:      tab[i]=i;
 9:
10:      x=2;
11:      val=(int)(Math.sqrt(nb));
12:      while (x<=val)
13:        {for(i=x+1;i<=nb;i++)
14:           if (tab[i]!=0 && tab[i]%x==0) tab[i]=0;
15:         do x=x+1;
16:         while (x<=val && tab[x]==0);
17:         }
18:
19:      System.out.println("Les nombre premiers
         de 0 a "+nb+" :");
20:      for(i=2;i<=nb;i++)
21:        if (tab[i]!=0) System.out.print(tab[i]+"  ");
22:      System.out.println();
23:    }
24: }
```

Le programme est conçu avec les variables suivantes :

- La variable tab est de type tableau. Elle définit le tableau des nombres.

- La variable nb désigne la valeur maximale des nombres étudiés.

- La variable val a pour valeur la partie entière de la racine carrée de nb.

- La variable x désigne une valeur entière allant de 2 à val.

- La variable i désigne les numéros des cases du tableau défini par la variable tab.

Le programme est composé de trois parties : création du tableau et initialisation, étude des nombres, affichage des nombres premiers. Le programme est structuré de la façon suivante :

- **Lignes 5 à 8**. Création du tableau et initialisation. La variable nb enregistre la valeur donnée au clavier par l'utilisateur. Puis le programme crée un tableau formé de nb+1 cases mémoire en exécutant l'instruction tab=new int[nb+1];. En procédant ainsi, il crée un tableau dont les cases sont numérotées de 0 à nb.

Puis, pour toutes les valeurs allant de 2 à `nb`, les variables du tableau sont initialisées par l'affectation `tab[i]=i;` qui met la valeur `i` dans la ième case du tableau. Le programme met ainsi en place un tableau de nombres entiers dont les valeurs vont de 2 à `nb`.

- **Lignes 10 à 17.** Etudes des nombres. La variable `x` est initialisée à 2 et la variable `val` prend la valeur de `(int)(Math.sqrt(nb))`. Puis l'instruction de répétition `while...` exécute les instructions de son bloc d'instructions tant que la condition `(x<=val)` est vraie :

  – Première instruction : lignes 13 et 14. La répétition `for(...)...` examine, pour chaque valeur de `i` allant de `x+1` à `nb`, si la valeur de `tab[i]` est un multiple de `x`. Si `tab[i]` n'a pas été mise à 0 et si `tab[i]%x==0` est vraie, `x` divise `tab[i]` et la valeur de `tab[i]` est un multiple de `x`. Dans ce cas, `tab[i]` est mise à 0 (ligne 14). La répétition `for(...)...` met donc à 0 toutes les cases `tab[i]` dont la valeur est un multiple de `x`.

  – Deuxième instruction : lignes 15 et 16. Il est alors possible d'avoir, à partir de la position `x+1`, plusieurs cases du tableau dont les valeurs ont été mises à 0 suite à l'action de la répétition précédente. Il est préférable de ne plus étudier ces cases et de recommencer le traitement à partir de la première case suivante dont le contenu est différent de 0.
  La répétition `do...while...` assure cette recherche (lignes 15 et 16). Elle procède en attribuant à `x` la valeur `x+1` tant que la condition `(x<=val && tab[x]==0)` est vraie. Cette condition est vraie lorsque `tab[x]` est égale à 0, c'est-à-dire lorsque la case n°`x` a la valeur 0. Mais dès que `tab[x]` a une valeur différente de 0, la condition devient fausse et l'instruction de répétition `do...while...` est interrompue. A cet instant, `x` désigne la ième case du tableau située après la case n°`x` initiale et dont la valeur est différente de 0. C'est ce que nous recherchions. Le traitement peut continuer à partir de cette nouvelle valeur de `x`. Il est exécuté à nouveau tant que `(x<=val)` est vraie (ligne 12).

- **Lignes 19 à 22.** Affichage des nombres premiers. Au terme de l'exécution de la répétition `while(x<=val){...}`, les valeurs multiples de nombres premiers ont toutes été mises à 0 dans le tableau. En conséquence, les nombres premiers inférieurs à `nb` sont les nombres qui ont conservé leurs valeurs dans le tableau. Il suffit de vérifier que la condition (`tab[i]!=0`) est vraie pour les afficher à l'écran.

Recherche des nombres premiers jumeaux

Après l'étude des nombres premiers compris entre deux bornes, nous voulons rechercher les nombres premiers qualifiés de jumeaux. Deux nombres premiers sont jumeaux lorsque leur différence vaut 2. Ainsi, par exemple, 11 et 13 sont deux nombres premiers jumeaux. Il en est de même de 431 et de 433.

Pour rechercher les nombres premiers jumeaux entre deux bornes, nous avons besoin d'étudier tous les couples de valeurs x et x+2. En effet, si x et x+2 sont des nombres premiers, ce sont aussi des nombres jumeaux puisque leur différence vaut 2. Nous utiliserons donc une fonction `nombre_premier(...)` pour déterminer si les deux nombres étudiés x et x+2 sont premiers. Cette fonction est la suivante :

```java
public static boolean nombre_premier(int x)
   {int i,val;
    i=2;
    val=(int)(Math.sqrt(x));
    while (i<=val && x%i!=0)
        i=i+1;
    if(i==val+1) return true;
    else return false;
   }
```

Le code de la fonction reprend celui donné par le Listing 13.3. Mais au lieu d'afficher un résultat, la fonction retourne une valeur de type `boolean`. Si la condition (`i==val+1`) est vraie, le nombre x étudié est un nombre premier et la fonction retourne la valeur `true` en exécutant l'instruction `return true;`. Si la condition est fausse, le nombre x n'est pas un nombre premier et la fonction retourne la valeur false en exécutant l'instruction return false;. Mais pour que la fonction nombre_premier(x) puisse retourner une valeur booléenne true ou false, encore faut-il ne pas oublier de déclarer comme type de valeur retournée le type boolean. D'où l'intitulé de la fonction :

```
public static boolean nombre_premier(int x)
```

Cette fonction peut alors être utilisée directement dans la formulation d'une condition. En effet, si l'on écrit if (nombre_premier(x) && nombre_premier(x+2))..., cette condition nous permet de déterminer si les valeurs x et x+2 définissent des nombres premiers jumeaux. En effet, après exécution de chacune des fonctions, leur valeur retournée true ou false est intégrée à la condition. Si l'on obtient (true && true), la condition est vraie et elle indique que les valeurs étudiées x et x+2 définissent deux nombres premiers jumeaux. Mais si l'on obtient (false && true), (true && false) ou (false && false), la condition est fausse. Dans ce cas, les deux nombres ne sont pas premiers et jumeaux.

Pour effectuer la recherche de tous les nombres premiers jumeaux compris entre les deux bornes nb1 et nb2, il suffit alors de réaliser l'étude pour chaque couple de valeurs x et x+2 compris entre ces deux bornes.

Le programme correspondant est le suivant :

Listing 13.6 : `nbsjumeaux1.java` — Etudes des nombres premiers jumeaux

```
 1: public class nbsjumeaux1
 2: {public static boolean nombre_premier(int x)
 3:    {int i,val;
 4:     i=2;
 5:     val=(int)(Math.sqrt(x));
 6:     while (i<=val && x%i!=0)
 7:        i=i+1;
 8:     if(i==val+1) return true;
 9:     else return false;
10:    }
```

```
11:
12:    public static void main(String args[])
13:      {int nb1,nb2,x;
14:       nb1=Saisie1.lire_int("donne un nombre nb1 : ");
15:       nb2=Saisie1.lire_int("donne un nombre nb2 : ");
16:       System.out.println("Les nombres jumeaux :");
17:       for(x=nb1;x<=nb2-2;x++)
18:       if(nombre_premier(x) && nombre_premier(x+2))
19:          System.out.println(x+" "+(x+2));
20:      }
21: }
```

Le programme est constitué par la fonction nombre_premier(x) et la fonction main(...) :

- **Lignes 2 à 10 : la fonction nombre_premier(x)**. Le code de la fonction est celui que nous avons présenté précédemment.

- **Lignes 12 à 20 : la fonction main(...)**. Elle permet à l'utilisateur de donner les valeurs des deux bornes nb1 et nb2 de l'intervalle étudié. Puis elle permet d'exécuter la répétition for(...)... pour toutes les valeurs de x allant de nb1 à nb2-2. Pour chaque valeur de x, si la condition (nombre_premier(x) && (nombre_premier(x+2)) est vraie, le couple de valeurs x et x+2 définit deux nombres premiers jumeaux. Dans ce cas, leurs valeurs sont affichées à l'écran.

En exécutant ce programme, il est aisé de connaître les nombres premiers jumeaux compris entre deux bornes nb1 et nb2.

La conjecture de Goldbach

Le dernier exemple aborde la conjecture de Goldbach. Christian Goldbach était un mathématicien né en 1690 à Königsberg et mort en 1764 à Moscou. Il a énoncé la conjecture suivante :

"Tout nombre pair supérieur à 2 peut être écrit comme la somme de deux nombres premiers."

Il s'agit d'une conjecture, c'est-à-dire d'une hypothèse donnée comme telle, sans être fondée sur une démonstration. Cette affirmation, qui n'a pas été contredite jusqu'à aujourd'hui, n'est toujours pas démontrée. Nous ne voulons pas ici, évidemment, résoudre ce problème mathématique qui est l'un des plus célèbres problèmes non résolus. Nous proposons simplement un programme permettant d'associer à un nombre pair x quelconque, tous les couples de nombres premiers dont la somme des éléments vaut x.

Le raisonnement est le suivant : si x est un nombre pair, nous nous intéresserons aux couples (i, x-i) puisque la somme de leurs éléments vaut x ; et si la condition (nombre_premier(i) && nombre _premier(x-i)) est vraie, i et (x-i) sont des nombres premiers dont la somme vaut x. Il suffit donc de vérifier si cette condition est vraie en faisant intervenir la fonction nombre_premier(x).

Voici le programme qui correspond à ce raisonnement :

Listing 13.7 : goldbach1.java — Etude de la conjecture de Goldbach

```
 1: public class goldbach1
 2: {public static boolean nombre_premier(int x)
 3:    {int i,val;
 4:     i=2;
 5:     val=(int)(Math.sqrt(x));
 6:     while (i<=val && x%i!=0)
 7:        i=i+1;
 8:     if(i==val+1) return true;
 9:     else return false;
10:    }
11:
12:  public static void main(String args[])
13:    {int x,i;
14:     do x=Saisie.lire_int("donne un nombre pair
        superieur a 2 : ");
15:     while (x%2!=0 || x<=2);
16:     for(i=2;i<=x/2;i++)
17:       if(nombre_premier(i) && nombre_premier(x-i))
18:         System.out.println(x+" = "+i+"+"+(x-i));
19:    }
20: }
```

Le programme est structuré à l'aide des deux fonctions nombre
_premier(x) et main(...) :

- **Lignes 2 à 10 : la fonction nombre_premier(x)**. Cette fonction
  est la même que la fonction utilisée par le programme précédent.
  Elle étudie le nombre x pour déterminer s'il est premier. La
  valeur retournée par la fonction est une valeur booléenne (de
  type boolean) : si x est un nombre premier, la fonction retourne
  la valeur true ; sinon, elle retourne la valeur false.

- **Lignes 12 à 19 : la fonction main(...)**. Elle est structurée de la
  façon suivante :

  - **Ligne 13**. La fonction définit deux variables x et i de type
    int : x est la variable qui définit le nombre pair à étudier, i
    est une valeur qui permet de dérouler l'étude.

  - **Lignes 14 et 15**. L'instruction do...while... permet à
    l'utilisateur de donner une valeur x de son choix en imposant
    qu'elle soit paire et supérieure à 2. Tant que ce n'est pas le
    cas, la condition qui figure après while... est vraie, et l'ins-
    truction do...while... recommence son exécution. Cette
    condition est vraie lorsque x%2!=0 est vraie, c'est-à-dire lors-
    que x est un nombre impair, ou lorsque x est inférieur ou égal
    à 2. Dans ces deux cas, la valeur de x donnée par l'utilisateur
    ne convient pas, et l'instruction do...while... assure la
    saisie de la nouvelle valeur donnée au clavier.

  - **Lignes 16 à 18**. L'instruction de répétition for(...)...
    étudie toutes les valeurs de i allant de 2 à x/2 de façon à
    déterminer, pour chacune d'elle, si la condition (nombre
    _premier(x) && nombre_premier(x-i)) est vraie. Si tel
    est le cas, i et (x-i) sont des nombres premiers dont la
    somme vaut x et leurs valeurs sont alors affichées à l'écran.
    Lorsque la condition est fausse, rien n'est affiché.

On obtient ainsi des suites de résultats. Par exemple :

- Si x=8, le résultat est 3+5 (8 est un nombre pair qui vaut la
  somme des deux nombres premiers 3 et 5).

- Si x=10, les résultats sont 3+7 et 5+5.

- Si x=26, les résultats sont 3+23, 7+19, 13+13.

- Si x=124, les résultats sont 11+113, 17+107, 23+101, 41+83, 53+71.

Au-delà de x=8, les nombres pairs x peuvent être écrits sous la forme de plusieurs sommes de nombres premiers. Est-ce pour autant une loi générale ?

Conclusion

L'étude des nombres premiers peut donc être abordée avec les notions présentées dans cet ouvrage. Elle donne lieu à plusieurs programmes qui utilisent les instructions conditionnelles et les instructions de répétition. Elle nécessite aussi l'emploi d'une fonction booléenne, comme celle que nous avons introduite.

Il est possible de mener d'autres études sur les nombres premiers. Nous vous invitons à le faire car ces derniers sont de plus en plus utilisés en informatique et constituent vraiment un monde fascinant…

Annexe

Fichier *Saisie.java*

Pour simplifier la formulation des instructions de lecture, nous proposons huit fonctions qui permettent de transférer l'information du clavier à l'unité centrale :

- `lire_String()` est utilisée pour transmettre une chaîne de caractères du clavier à la mémoire centrale.

- `lire_String(String question)` est employée d'abord pour afficher à l'écran le message désigné par la variable `question` puis pour transmettre une chaîne de caractères du clavier à la mémoire centrale.

- `lire_int()` est utilisée pour transmettre un nombre entier, de type `int`, du clavier à la mémoire centrale.

- `lire_int(String question)` est employée pour afficher le message `question` à l'écran puis transmettre le nombre entier saisi par l'utilisateur.

- `lire_double()` est utilisée pour transmettre un nombre décimal, de type `double`, du clavier à la mémoire centrale.

- `lire_double(String question)` est employée pour afficher à l'écran le message `question`, puis pour transmettre le nombre décimal saisi par l'utilisateur.

- lire_char() est utilisée pour transmettre l'information saisie au clavier si cette information est un caractère unique, afin de faire parvenir ce dernier à la mémoire centrale.

- lire_char(String question) est employée d'abord pour afficher à l'écran le message question, puis pour transmettre le caractère saisi par l'utilisateur.

Voici le code de ces huit fonctions :

Listing A.1 `Saisie.java` — Les fonctions de lecture

```
//---Saisie.java
import java.io.*;

class Saisie
{public static String lire_String()
    {String ligne_lue=null;
     try {InputStreamReader isr = new
     ➥InputStreamReader(System.in);
         BufferedReader br = new
         ➥BufferedReader(isr);
         ligne_lue=br.readLine();
         }
     catch(IOException e) {System.err.println(e);}
     return ligne_lue;
    }

 public static String lire_String(String question)
  {System.out.print(question);
   return(lire_String());}

 public static int lire_int()
    {return Integer.parseInt(lire_String());}

 public static int lire_int(String question)
    {System.out.print(question);
     return Integer.parseInt(lire_String());}

 public static double lire_double()
    {return Double.parseDouble(lire_String());}
```

```
public static double lire_double(String question)
   {System.out.print(question);
    return Double.parseDouble(lire_String());}

public static char lire_char()
   {String reponse=lire_String();
    return reponse.charAt(0);}

public static char lire_char(String question)
   {System.out.print(question);
    String reponse=lire_String();
    return reponse.charAt(0);}
}
```

Le code est structuré selon les conventions de Java qui est un langage de programmation objet. Il définit une classe nommée Saisie dotée des huit fonctions que nous venons de présenter.

La fonction *lire_String()*

La fonction lire_String() est déclarée avec l'intitulé public static String lire_String() :

- public indique que cette fonction peut être appelée lors de l'exécution de n'importe quel programme.

- static indique que l'appel de la fonction est formulé directement par la classe. Cela signifie que nous devons écrire Saisie.lire_String() si nous voulons que la fonction lire_String() soit exécutée.

- String, qui figure avant le nom de la fonction, est le type de la valeur retournée par la fonction.

Le code de la fonction lire_String() utilise une variable locale ligne_lue de type String. Puis le code est structuré par try{...} dans lequel figurent plusieurs instructions qui mettent en jeu des classes représentant des flux d'informations et permettent de lire la chaîne de caractères saisie au clavier. `try{...}` est suivi de `catch(...)` `{...}`. Enfin, la fonction se termine par `return ligne_lue`; car la fonction retourne une chaîne de caractères de type `String`.

Le code de la fonction `lire_String(String question)` fait appel à celui de `lire_String()`. Il est défini par les deux instructions suivantes :

```
{System.out.print(question);
 return(lire_String());}
```

Il permet d'afficher la valeur de la variable `question` qui est une chaîne de caractères puis d'exécuter le code de la fonction `lire_String()`.

Les autres fonctions

Les autres fonctions ont un intitulé similaire. Seul change le type de la valeur retournée : `int`, `double`, `char`.

Elles utilisent toutes la fonction `lire_String()` : en effet, toute information donnée au clavier est d'abord mise sous forme d'une chaîne de caractères. Cette chaîne de caractères est ensuite traduite en une valeur de type `int`, `double` ou `char`.

La fonction `lire_int()` est construite de cette façon. L'instruction `return Integer.parseInt(lire_String());` fait d'abord appel à la fonction `lire_String()`. Puis la valeur retournée par cette fonction qui est une chaîne de caractères est traitée par la fonction `Integer.parseInt(...)` qui transforme cette chaîne en une valeur numérique de type `int`. Le code de toutes les autres fonctions est défini de la même manière.

Le programme porte le nom de `Saisie` et le texte est sauve-gardé dans un fichier `Saisie.java` qui se trouve sur le site **www .pearsoneducation.fr**.

Utilisation du code

Vous avez deux façons de procéder : en téléchargeant le fichier
`Saisie.java` ou en recopiant le texte du programme dans chacun
de vos programmes :

- **Téléchargement du fichier Saisie.java**. Le fichier doit être téléchargé pour être placé obligatoirement dans le même répertoire
  que celui des fichiers de vos programmes. Puis vous le compilez.
  Le résultat de la compilation est sauvegardé automatiquement
  dans un fichier nommé `Saisie.class`. Les fonctions compilées
  sont maintenant utilisables lors de l'exécution de tous vos
  programmes car le système sait où trouver les fonctions dont
  l'appel commence par `Saisie`. Ce procédé est à utiliser une seule
  fois, au début de la mise en place de votre environnement de
  travail.

- **Recopie du texte du fichier `Saisie.java` dans chacun de vos
  programmes**. Par un copier/coller du texte du fichier `Saisie`
  `.java` ou en recopiant à la main le texte du fichier `Saisie.java`,
  vous incluez le texte du fichier à la fin de vos programmes.
  Dans ce cas, lors de la compilation de votre programme, la
  partie provenant de `Saisie.java` est elle aussi compilée et
  donne lieu à la création d'un fichier `Saisie.class` qui prend
  place à côté de la version compilée de votre programme. Ce
  procédé doit être répété lors de la création de chacun de vos
  programmes.

 Si vous recopiez le texte à la main, attention aux
majuscules qui figurent dans le texte et aux accolades
qui le structurent.

Pour éviter de recopier ce texte dans chacun de vos programmes, vous pouvez l'introduire dans le programme qui vous sert de modèle. Nous vous proposons sur le site **www.pearsoneducation.fr** un fichier modele2.java contenant déjà l'ensemble des fonctions de Saisie.java. Ce fichier modele2.java a la structure suivante :

```
//--- modele2.java
import java.io.*;
public class modele2
  {public static void main(String args[])
    {…
      …
    }
  }  // fin de la classe modele2

class Saisie
  {public static String lire_String()
      {…}
   public static String lire_String(String question)
      {…}
   public static String lire_int()
      {…}
   …
  } // fin de la classe Saisie
```

Il vous suffit de renommer ce fichier en lui donnant le nom du programme que vous souhaitez réaliser, puis d'insérer le code de la fonction main(...).

Index

Symboles

!= (opérateur) 76
% (opérateur) 60, 62, 79, 249
&& (opérateur) 78, 80, 98, 179, 249, 250
* (opérateur) 60
+ (opérateur) 42, 49, 60, 62, 64
++ (opérateur) 31, 109
/ (opérateur) 60, 62
== (opérateur) 76
– (opérateur) 60
|| (opérateur) 78, 81, 124

A

Affectation
égalité 31, 77
exécution 20, 29, 30, 43, 218, 224
instruction 20
Affichage 42, 49, 74, 91, 92, 205, 210, 242

Appel de fonction 218-227
args 14
Argument 214, 216, 219, 221, 223, 227

B

bit 56
Bloc d'instructions 96-107, 157, 217, 249
boolean 56, 58
false 58
true 58
Boucle
double 186, 187, 192, 194, 199, 203, 254, 257
simple 95, 120, 136, 162, 242
triple 186, 189
byte 56

C

Case mémoire 6, 20, 26, 40, 136
  adresse 25
CD-ROM 7
char 56
Clavier 7
Compilation 8, 36
Concaténation 42, 61, 64
Conception 52
Conversion 32, 65, 67, 68, 92, 115
Crible d'Eratosthène 255

D

Déclaration
  tableau 136, 201
  type 56
  variable 24, 56
Disque dur 7
Disquette 7
do…while 105, 106, 115, 182, 244, 248, 257, 262
double 56, 60, 69
Dysfonctionnements 16

E

Ecart 91, 243
Echange 27, 200
Ecran 7
Edition 8, 33
Egalité 31, 77
Entrées/Sorties 40, 43, 44
Environnement 14
Eratosthène 255
Erreurs 16, 36

Exécution 6, 10, 37
  séquentielle 29, 30, 33
Expression 72, 76-80, 98, 124

F

false 58, 72, 76, 258, 259
Fichier 8, 23
  hello.class 17
  hello.java 15, 17
  modele.java 33
  modele2.java 270
  Saisie.java 45, 47, 265
float 56
Fonction 214
  appel 218, 221, 223, 227
  argument 214- 227
  booléenne 216, 258
  définition 214, 216, 225
  élaboration 224, 229
  exécution 218, 227, 231
  intitulé 215, 236
  lire_char() 266
  lire_char(q) 266
  lire_double() 265
  lire_double(q) 266
  lire_int() 265
  lire_int(q) 265
  lire_String() 265, 267
  lire_String(q) 265
  main(_) 23, 105, 217- 223, 231, 244, 260, 262
  nom 214, 217
  public static 215, 217
  return 215, 220-226, 258
  sans argument 216, 235
  syntaxe 214

transmission 219-227
valeur retournée 214-226
variable locale 215-226
for(…) 105, 107, 123-132, 145, 156, 163, 248

G

Goldbach 260

I

if 73, 85, 87, 124-132, 145, 166, 192, 199, 242, 248
if…else 72, 87, 123, 130, 133, 157
Initialisation
affectation 29, 86
boucle 104, 108, 114, 115
max 127, 243
min 145, 200, 243
prop 165, 174-179, 248
tableau 153, 182, 210, 256
Installation
Java 12
Java 2 SDK 12
JCreator 13
TextPad 13
Instruction 6, 8, 23
affectation 20
conditionnelle 72
condition 72-92, 124, 142, 144, 249-261
diagramme 75
en cascade 81, 84
exécution 72-74, 84, 90
syntaxe 72, 73

d'affectation
définition 20
égalité 31, 77
exécution 20, 29, 30, 43, 218, 224
d'écriture
exécution 43
présentation 40, 42
de lecture
exécution 49
présentation 40, 41
Saisie.java 41, 265
de répétition
choix 110
condition 96, 98, 257
diagramme 98
élaboration 101, 112-115, 128
exécution 96-102, 113, 117
imbriquée 186-199
syntaxe 96, 105, 186
variable i 103, 108
écriture 40
lecture 40
répétition 95
int 56, 60, 69
Interprétation 10

J

Java
classe 23, 270
installation 12
objet 23
P-code 8
JCreator 15
installation 13

L

long 56

M

main(…) 23, 28, 105
Majuscule, syntaxe 24
Math.random() 32, 66, 92, 121, 126, 132
Math.round(…) 67
Math.sqrt(…) 225, 251
Matrice 203, 207
Maximum 125, 243
Mémoire centrale 6, 10, 20, 25, 136, 202
Menu 244
Minimum 143, 197, 200, 243
Minuscule, syntaxe 24
modele.java 33
modele2.java 270

N

new 136, 140-155, 201-209, 244
Nombres
   pairs 79, 260
   parfaits 129, 191
   premiers 248
   premiers jumeaux 258

O

Opérateur
   != 76
   % 60, 62, 249
   && 78
   * 60
   + 42, 49, 60, 62, 64
   ++ 31, 109
   / 60, 62
   = 76
   == 76
   _ 60
   || 78
   de comparaison 76
   logique 78
out 42

P

Palindrome 179
print(…) 49, 92, 127, 210
println(…) 42, 127, 210
Processeur 6
Programme 5
   compilation 8, 36
   conception 52
   édition 8, 33
   élaboration 8, 114, 115, 130, 224, 229
   étapes 52
   exécution 6, 10, 37, 132, 195
   fonctions 224-236, 266
   hello 13
   interprétation 10
   nom 17, 23
   réalisation 33
   syntaxe 14, 22, 120, 123, 128
   variable globale 235, 241
Propriété 162, 165, 169, 174, 227, 243, 248, 258

R

Recherche
d'une valeur 173
nombres parfaits 192
nombres premiers 253

S

Saisie.java 45, 47, 265
Saisie.lire_char() 46
Saisie.lire_char(q) 46, 90
Saisie.lire_double() 46
Saisie.lire_double(q) 46, 51
Saisie.lire_int() 41, 45, 49
Saisie.lire_int(q) 46, 90, 105
Saisie.lire_String() 41, 45, 49
Saisie.lire_String(q) 46, 50
short 56
Souris 7
String 14, 24, 56, 69
switch_case 87, 244
Syntaxe
accolade 14, 23, 98, 105, 217, 236
commentaire 24
déclaration 24
guillemet 14
majuscule 14, 24
minuscule 14, 24
parenthèse 14
point-virgule 23, 73, 98
présentation 22
public class 15, 23, 28
virgule 25
System 14, 24, 42
System.out.println(…) 14, 24, 42, 44, 49, 114

T

Tableau
à deux dimensions 201, 205, 207
à une dimension 136, 234
affectation 142, 151, 153
de constantes 146
déclaration 136, 201
implémentation 136, 205
matrice 203, 207
new 136, 201, 244
parcours 166, 169, 176, 182, 243
partie utile 154, 243
propriété 162, 165, 169, 174, 243
taille 136, 155, 201, 207
valeurs 162
variables 13-144, 202
TextPad 15
installation 13
Tri par sélection 196
élaboration 196
programme 198
true 58, 72, 76, 258, 259
Type
bits 56
boolean 56
byte 56
char 56
choix 69
conversion 65
double 56
élémentaire 56
float 56
int 56
long 56
short 56

String 56
valeur 58
valeur limite 59

W

while 96-105, 166-182, 248-257

U

Unité centrale 6
Unité de calcul 6

V

Variable
adresse 25
de type tableau 136-144, 202, 235
déclaration 24
globale 235, 236, 241
locale 215, 219, 223, 226
nom 26, 52
public static 235, 236
rôle 52
type 52
zone d'exécution 12, 220, 223
void 216, 236

www.pearsoneducation.fr

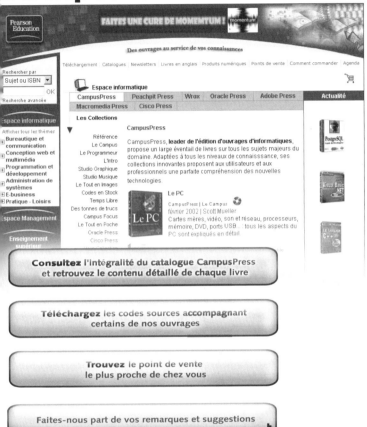

Retrouvez également nos ouvrages sur :
- Le graphisme et le Web Design avec **Peachpit Press**
- Le management avec **Village Mondial** et **VMP**

CampusPress est une marque de Pearson Education France - 47 bis, rue des Vinaigriers 75010 Paris

louis**jean**
IMPRIMEUR

59, Av. Émile Didier
05003 Gap Cedex
Tél. 04 92 53 17 00

Dépôt légal :
185 – avril 2003
Imprimé en France